알기 쉬운
구매실무 첫걸음

알기 쉬운
구매실무
첫걸음

구매 전문가가 알려주는
구매관리 핵심 노하우

목진환(경영학 박사) 지음

ij 중앙경제평론사

새로운 구매관리 전문가를 기대하며

기아자동차에서 신입사원으로 구매관리 업무를 시작해서 이 분야에서 강의와 컨설팅을 하게 되면서 어느덧 30년간의 세월이 흘렀습니다.

구매업무를 처음 시작하던 시절에 기업에서 구매관리 업무는 생산을 비롯한 관련 부서를 지원하는 업무로 여겨지며 조직의 위상이 많이 낮았습니다. 다른 부서에서는 구매업무는 물건 사는 일이라고 생각했기에 누구나 할 수 있는 쉬운 일이라고 여겼습니다.

그러나 신입사원 시절을 되돌아보면 사용자 부서의 요구사항도 제대로 이해하기 어려웠고, 협력업체로부터 견적을 받아 비교하고 발주하는 일은 늘 벅찼습니다. 때로는 구매관리의 기본인 납기관리도 제대로 하지 못해서 허둥거리기도 했습니다. 조달구매를 거쳐서 개발구매와 전략구매를 경험하면서 기업에서 차지하는 구매업무의 중요성을 인식하게 되었습니다.

협력회사였던 자동차부품회사에서 영업, 기획, 제조를 담당하면서 반대의 관점에서 구매관리 업무를 바라볼 소중한 기회를 얻게 되었습니다. 영업을 담당하면서 모기업과 협력회사의 신뢰성의 중요함을 깨달았고, 공장장을 하면서 구매관리 담당자 시절에 늘 힘들어했던 납기와 품질관리는 단지 영업 부서와의 전화로만 처리할 게 아니라 협력회사의 제조 현장을 제대로 이해하고 파악하는 것이 중요함을 뒤늦게 깨달았습니다.

오랫동안 많은 기업에서 구매관리 업무를 쉽게 여기는 경향이 강했습니다. 심지어는 특별한 전문지식이 없어도 누구나 할 수 있다는 인식을 갖고 있었습니다. 1990년대로 접어들면서 모든 기업에서 구매관리 업무를 중요한 업무로 인식하기 시작했습니다. 그러면서 구매관리 영역은 예전보다 전략적인 위치로 전환되었습니다.

기업의 원가 구조를 살펴보면 제조업 분야 등 대부분의 기업에서 구매비용이 전체 비용 중에 가장 큰 부분을 차지하고 있습니다. 비용 측면과 함께 개발, 생산, 영업 등 기업 내 타 부서와 기업 외부의 공급사들과의 관계 정립 및 협력의 중요성이 제기되면서, 구매관리 부문의 전략적 기능수행에 대한 필요성이 점점 더 강화되고 있는 상황입니다. 누구보다도 경영자가 구매관리의 중요성을 인식하게 되면서 구매조직과 업무영역은 점차 확대되고 있습니다.

그동안의 실무와 컨설팅 현장에서 쌓은 경험과 강의를 하면서 연구한 내용을 '구매관리 아카데미' 블로그에 올리기 시작했습니다. 그 글들 가운데 구매관리 업무를 하면서 꼭 알아야 할 필수 업무 중심으로 11가지 주제로 구성하여 보았습니다.

구매관리의 중요성에 공감할 수 있도록 설명했고, 실제 업무를 하면서 꼭 이해하고 확인해야 할 사항을 중심으로 기술하였습니다. 특히 구매관리 업무를 처음 하는 사람도 쉽게 이해할 수 있도록 실무 경험을 가능한 한 공유하려고 노력했습니다.

이제 구매관리도 전문가 시대입니다.

이러한 시점에 구매관리 업무에 필요한 실무 지식을 이해하고, 더 나아가 구매관리 전문가로서 기업의 이익 실현의 중추가 되는 역할에 도움이 되었으면 하는 바람을 가져봅니다.

구매관리를 처음 시작하는 분들은 구매업무를 하면서 필요한 내용을 찾아보고 이해함으로써 구매관리 업무에 자신감을 갖는 데 도움이 되길 소망해 봅니다. 구매관리 경험이 많은 분들은 이론으로 업무를 재정립하는 계기가 되면 좋겠습니다.

그리하여 구매관리 부분에서 선배와 후배들 사이에 커뮤니케이션이 활발해지고, 기업에서 구매관리 조직과 업무의 위상이 한층 더 높아지길 기대해 봅니다.

.

목진환

차례

3장

구매관리 프로세스와 단계별 업무

4장

구매원가의 개념과 원가관리 기초

1장

기업 경영과
구매관리의 중요성

기업의 환경 변화와 구매관리의 중요성

기업에서 구매관리 업무의 인식 변화

구매관리 업무의 본질

아웃소싱의 확대와 구매관리의 역할

구매관리자가 갖추어야 할 KSA(지식, 스킬, 자세)

．．．

경영환경의 변화로 경쟁이 치열해지면서 매출을 통한 이익 확대가 어려워지고, 인건비

상승 및 인력 확보의 어려움으로 아웃소싱이 확대되면서 구매 부서는 회사의 전체 수

익 중 많은 부분을 차지하는 가장 중요한 부서가 되었다.

기업의 환경 변화와
구매관리의 중요성

기업 경영에서 구매관리가 왜 중요해졌는가?

1970년대 이전까지만 해도 구매관리 업무는 경영자들의 주요 관심사와는 거리가 멀었다. 구매관리 영역에 대한 관심이 높아진 건 1970년대 오일쇼크와 밀접한 관련이 있다. 당시 글로벌 비즈니스에서 공통적으로 경영 악화라는 암초를 만난 시기다. 이는 자연스럽게 성장 중심의 경영이론을 재검토하는 계기가 됐다. 생존이라는 이슈가 굉장히 중요하게 다루어지면서 비용 절감이 주요 키워드로 부상했다.

1980년대엔 전사적 자원관리ERP를 통한 경영 효율화가 비즈니스 영역에서 유행하는 키워드였다. 컴퓨터 기술의 발전이 어떻게 경영 혁신으로 이어지느냐가 관심사였다. 컴퓨터를 통한 데이터 가시성이 확보되면서 구매관리의 효율화가 가능하다는 인식이 퍼져나갔던 시기다.

1990년대로 접어들면서 세계화 바람이 거세졌다. 부품 공급사가 다변화되고 관리 추적이 용이해지면서 구매관리는 더욱 전략적인 업무로 인식되기 시작했다. 그러면서 기업에서 구매관리 영역은 예전보다 전략적인 위치로 전환되었다. 전략적 구매가 중요해진 이유는 원가절감에서의 인식 변화와 밀접한 관련이 있다. 기업의 원가구조를 살펴보면 제조업 분야 등 대부분 기업에서 구매비용이 전체 비용 중에 가장 큰 부분을 차지하고 있다.

이와 같은 상황에서 구매관리 부문의 혁신은 구매비용 절감을 통해서 기업의 수익 증가를 달성하기 위한 핵심요소로 인식되기 시작했다. 비용 측면과 함께, 개발·생산·영업 등 기업 내 타 부서와 기업 외부의 공급사들과의 관계 정립 및 협력의 중요성이 제기되면서, 구매관리 부문의 전략적 기능수행에 대한 필요성이 점점 더 강화되고 있는 상황이다.

오늘날 기업의 매출액 증가율은 예전에 비해서 현저히 떨어지고, 반면에 인건비는 급격하게 상승하면서 경영이익도 많이 줄어들고 있다. 또한 저임금 국가LCC, Low Cost Country를 비롯한 다양한 경쟁자들과 치열한 경쟁을 해야 하는 경영환경하에 있다.

따라서 모든 기업은 생존과 성장을 위해서 제조원가에서 노무비 부담을 줄이고자 공장 자동화와 외주화를 추진하기 시작했다. 자사에서 생산하던 부품이나 제품을 아웃소싱하거나 생산공정의 일부를 외주업체에 위탁 생산하는 방식으로 전환하고 있다. 이러한 과정을 통해서 제조원가에서 노무비가 차지하는 비중은 줄어들고, 상대적으로 재료비가 차지하는 비중이 점차 커지게 되었다. 기업에서는 매출 증대 및 경영이익 확대를 위해서 재료비 절감이 가장 중요한 요소가 되면서 구매관리 분야의 업무 중요성은 점점 더 높아지고 있다.

구매관리의 중요성이 커지는 이유를 정리하면 다음과 같다.

첫째, 제조원가에서 재료비가 가장 비중이 큰 항목이며, 경영에서의 이익 공헌도가 가장 높기 때문에 구매원가 절감은 기업 이익 확보를 통한 생존의 가장 중요한 요소가 되었다.

둘째, 사내에서 생산하던 부품이나 조립작업이 외주화되면서 납기준수와 품질 안정화가 생산일정 준수에 가장 중요한 요소가 되었다.

셋째, 신규 개발 프로젝트에 협력업체의 참여 및 개발 일정 준수가 중요한 요소가 되었다.

한마디로 말하면 기업 생존을 위한 이익 확보의 성패가 구매관리를 잘하느냐 못하느냐에 달려있기 때문에 기업 경영에서 구매관리는 가장 중요한 부문이 되었다.

기업에서 구매관리 업무의
인식 변화

구매관리는 기업경쟁력 강화의 핵심요소다.

기업은 이익창출을 위해서 자사 중심의 생산능력을 확보하여 대응하는 제조중심의 체제였다. 이러한 경영체제하에서 구매는 원재료를 구입하면서 돈을 쓰는 부서라는 인식이 자리를 잡고 있었다. 선진국에 진입하면서 많은 제품과 부품 등을 자사 제조방식에서 외주에 위탁하는 방식으로 전환하면서 제조중심에서 공급중심으로 전환되었다. 이에 따라 기업에서 구매관리 업무는 기업경쟁력의 핵심요소가 되었다. 협력업체와의 관계도 단순 공급자가 아닌 기업경쟁력 강화를 위한 중요한 파트너의 위치로 전환되었다.

따라서 구매관리의 역할이 단순 가격을 결정하는 Cost Center에서 이익을 중시하는 Profit Center라는 인식의 전환을 가져왔다. 구매의 역할이 원가절감의 차원의 넘어서서 원료의 안정적인 공급을 중시하게 되었으며, 무엇보다도 협력업체가 단지 원가절감의 대상이 아닌 동반성장의 협력관계로 전환되었다.

1 Cost Center에서 Profit Center로의 전환

Cost Center에서 Profit Center로의 전환은 구매관리 업무에서 매우 큰 변화다. Cost Center는 회사 비용을 창출하지만 이익 창출에 직접 참여하지 않는 조직을 의미한다. 구매 부서는 원료나 부품을 구입하기 위해 많은 비용을 사용하지만 실질적으로 이익의 기여도는 그리 높지 않았다. 기업에서 이익을 창출하는 주요 부서는 영업이나 생산 부서였다. 구매는 단지 생산에 필요한 자재를 공급하는 역할에 충실하면 되었다.

그러나 이제 구매 부서는 이익 창출을 담당하는 Profit Center로 전환되었다. 경영환경의 변화로 경쟁이 치열해지면서 매출을 통한 이익 확대가 어려워지고, 인건비 상승 및 인력 확보의 어려움으로 아웃소싱이 확대되면서 구매 부서는 회사의 전체 수익 중 많은 부분을 차지하는 가장 중요한 부서가 되었다.

Cost Center는 업체를 선정하고 발주를 하기 위하여 가격을 결정하는 일이었다. 그러나 Profit Center는 손익을 고려하여 가격을 결정해야 한다. 구매관리 담당자가 견적가를 검토하여 가격을 결정하는 경우에 목표가 대비하여 어느 정도의 이익 또는 손실이 있는지를 판단하고 결정해야 한다. 따라서 구매관리 담당자는 공급사가 제출한 견적서의 구성항목의 내용을 분석할 수 있도록 원가에 대한 지식을 충분히 갖추어야 한다.

2 구매원가 절감도 중요하지만 안정적 공급이 더 중요하다.

기업에서 더 많은 이익창출을 위해서 구매관리의 핵심 역할을 원가절감으로 인식하고 있었다. 이를 위해 구매관리자들은 저가의 공급업체를 찾으려고 다양한 노력을 해왔다. 입찰 등 다양한 가격 결정 방법으로 최저가 구매 방법을 적용해왔다. 한 걸음 더 나아가 저임금 국가를 중심으로 글로벌 소싱으로 전환하기도 했다.

이러한 방식은 초기에는 원가절감의 효과가 있으나, 시간이 지나면서 납기와 품질의 문제가 발생함으로써 오히려 손실을 초래하는 경우가 종종 발생하였다. 이러한 문제로 고객과의 약속을 지키지 못하는 일이 발생한다면 신뢰관계가 무너질 수 있다.

원가를 절감하는 것도 중요하지만, 고객 납기준수에 차질이 발생하지 않도록 원료나 부품을 적합한 품질로 안정적으로 공급받는 일이 더 중요한 요소가 되었다.

3 협력업체는 우리의 중요한 파트너다.

　기업에서 구매관리에 대한 다양한 인식 변화가 일어나는 가운데 협력업체에 대한 인식 변화가 가장 크다고 볼 수 있다. 구매관리 부서는 협력업체를 가격인하의 대상으로만 인식하고, 협력업체 간에 치열한 경쟁을 유도하였다.

　그러나 Cost Center에서 Profit Center로 전환하면서 효율적인 원가 목표 달성을 위해서는 기획 단계나 설계 단계부터 협력업체와 원가를 포함한 사양 협의가 매우 중요함을 인식하게 되었다. 또한 협력업체의 납기준수와 품질 안정화는 안정적인 생산 운영의 핵심요소가 되었다. 뿐만 아니라 신제품 개발 일정에도 협력업체의 기술력과 개발 일정 준수는 매우 중요한 요소가 되었다. 따라서 협력업체는 더 이상 경쟁자가 아니라 협력자Business Partner로 인식하고 있다.

| 구매관리 업무의 인식 변화 ─────────────

구분	변화 전	변화 후
구매 인식	Cost Center	Profit Center
구매 역할	구매원가 절감	원료의 안정적 공급
협력업체 관계	경쟁자	협력자(Partnership)
	구매 → 기업경쟁력 강화의 핵심요소로 인식	

구매관리 업무의 본질

구매업무는 물건을 사는 것이 아니라
구매프로세스를 관리하는 일이다.

기업에서 구매업무를 하던 신입 사원 시절의 일이다. 구매와 관련이 많은 생산이나 품질 부서의 사람들은 구매업무를 누구나 할 수 있는 쉬운 업무로 여겼다. 반면에 구매 부서의 선배들은 매우 어려운 일이니까 열심히 배워야 한다고 강조했다.

어려서부터 물건을 사는 일은 늘 해왔기에 쉽게 적응하리라 생각했는데, 시간이 흐르면 흐를수록 구매업무는 익숙해지기보다 커다란 중압감으로 다가왔다. 특히 자동차 분야의 특성상 생산라인에 차질이 발생하지 않도록 부품을 공급하는 일은 엄청난 스트레스였다.

일반적인 개념으로 보면 구매의 정의는 '물건을 사는 것'이다. 물건은 돈만 있으면 언제든지 살 수 있다. 따라서 돈만 있다면 구매는 어린아이부터 노인에 이르기까지 누구나 다 할 수 있는 쉬운 업무로 인식하고 있다. 사람들이 생각하는 구매는 **'본인이 필요한 물건을 직접 사는 일'**이다. 본인이 사용할 물품을 시장이나 백화점에 가서 사거나, 온라인에서 직접 선택하고, 대금도 직접 지불하는 일이다.

그러나 기업에서 구매업무를 담당하면서 본인이 사용하려고 물품을 직접 선택하고 대금도 직접 지불하는 일은 거의 없다. 아니 전혀 없을 수도 있다. 기업에서는 다른 사람_{사용자 부서}이 요구하는 물품을 대신해서 직접 구매하는 것이 아니라 적합한 공급자_{거래처}를 발굴하고 견적을 받아서 발주하는 일이다. 발주가 완료되면 약속한 납기에 필요한 물품이 도착하도록 납기와 품질을 관리하는 일이다.

| 구매관리 업무의 본질

그래서 기업에서 하는 구매는 **'내부고객**_{사용자 부서}**과 외부고객**_{공급업체, 협력업체}**을 연결해 주고, 조정하고 결정하는 업무'**다. 그러기 위해서는

요청부서에 요구하는 물품의 규격과 관련된 내용을 충분히 이해하는 것이 중요하다. 또한 공급업체가 견적서 작성이나 공급 과정에서 질의하거나 요청하는 사항을 이해할 수 있어야 한다.

구매는 돈만 있으면 할 수 있는 일이지만, 구매관리 업무는 구매관리 프로세스를 이해하고, 내부고객과 외부고객의 니즈를 정확히 파악하고 조정하고 중재해야 하며, 더 나아가 기업의 이익창출에 기여해야 한다.

아웃소싱의 확대와
구매관리의 역할

아웃소싱이 확대될수록 구매관리의 역할은 더 중요해진다.

아웃소싱Outsourcing은 기업이나 조직에서 제품의 생산, 유통, 용역 등 업무의 일부분을 외부의 전문기관에 위탁하는 것을 말한다. 이는 경영활동, 기술, 원자재 등 내부에서 조달하는 인소싱Insourcing과 대비되는 개념이다.

원래는 미국 기업이 제조업 분야에서 시작했으며 경리, 인사, 신제품 개발, 영업 등 모든 분야로 확대되고 있다. 기업은 핵심 사업에만 집중하고 나머지 부수적인 부문은 외주에 의존함으로써 생산성을 극대화할 수 있다.

아웃소싱의 주요 목적은 기업이 핵심 업무에 주요 인력을 배치함으로써 기업의 고유 업무에 집중력과 전문성을 높이고, 다른 한편으로는 기업의 비용 절감 효과와 함께 신규 부가가치를 창출하기 위함이다. 기업은 비핵심 업무를 아웃소싱으로 돌림으로써 조직을

슬림화하고 이를 통해 매출원가와 일반관리비를 절감하여 기업의 이익 극대화라는 궁극적인 목적을 이루고자 하는 것이다.

1 아웃소싱의 확대

최근의 기업들은 자사에서 생산하는 것은 줄이고, 가능한 한 외부에 위탁하거나 구입하고자 한다. 기업의 핵심 기능인 마케팅, R&D, 소싱 기능만을 유지하고 제조 부문 전체를 아웃소싱 하기도 한다. 가능하면 사내에서는 적게 만들고 외부로부터 공급받으려고 한다Less Make, More Buy. 궁극적으로는 공장 없는 제조공장을 운영하고자 한다.

| 아웃소싱 확대에 따른 기업의 핵심 기능 ─────────────

마케팅 부문은 고객의 요구 사항을 정확하고 신속하게 파악하고, R&D 부문은 그러한 요구 사항에 맞는 새로운 제품을 개발한다. 소싱을 담당하고 있는 구매 부문은 세계에서 그러한 제품을 가장 잘

만들 수 있는 공급자를 찾아서 그들이 생산하게 한다. 대표적인 기업으로는 애플과 나이키 등이 있다.

2 구매관리의 역할

기업에서 아웃소싱이 확대되고 외주 의존도가 높아지면서 공급망 관리SCM를 통해서 실시간으로 공급하는 일이 매우 중요하게 되었다. 이러한 상황에서 구매관리의 역할은 기업의 생산활동과 영업활동에 미치는 영향이 매우 크며, 더 나아가 이윤 확대의 핵심적 기능이 되었다. 아웃소싱이 확대되면서 소싱이 핵심요소로 떠올랐다.

1) 원활한 생산활동이나 영업활동이 실현될 수 있도록 해야 한다.

생산활동에 차질이 발생하지 않도록 우선 QQuality, CCost, DDelivery가 뛰어난 원재료나 부품을 확보해야 한다. 원가절감도 중요하지만 최근에 다양한 제품개발과 첨단기술을 요구하는 원료나 부품이 많아져서 안정적인 공급을 확보하는 일이 매우 중요하다. 개발 이후에도 공급이 안정적으로 지속될 수 있도록 QCD의 모든 면에서 신뢰할 수 있는 공급자의 선정은 매우 중요한 요소다. 신규업체를 선정하는 단계부터 재무상태가 건전한 공급자를 선정하고, 거래하는 동안 지속적인 평가를 통해 안정적인 공급이 지속되도록 해야 한다. 이를 통해서 원활한 생산활동과 영업활동이 이루어지도록 해야 한다.

2) 회사의 이윤 극대화에 기여해야 한다.

기업의 목표는 경영목표 달성을 통하여 회사의 이윤 향상을 추구하는 일이다. 이러한 목표를 달성하기 위해서는 판매량의 확대로 시장점유율이 향상되어야 한다. 판매량 증가와 시장점유율 확대를 위해서는 제품의 경쟁력 향상의 필수 요소인 QCD 향상이 수반되어야 한다. 자사 제품의 QCD 향상을 이루기 위해서는 구입품의 QCD 향상이 수반되어야 한다. 따라서 구매관리는 구입품의 QCD 향상으로 회사 이윤의 극대화에 기여해야 한다.

| 구매관리의 역할

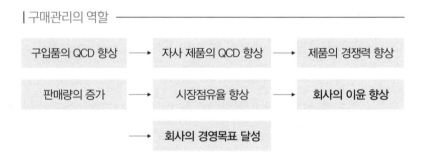

구매관리자가 갖추어야 할 KSA(지식, 스킬, 자세)

구매관리자에게 필요한 역량과 태도는 무엇인가?

구매관리 업무는 사용자 부서의 요청을 거래처나 협력업체에 정확하게 전달하고, 협의를 거쳐서 적합한 자재를 필요한 시기에 가능한 한 저렴한 가격으로 공급받는 업무다. 이를 효율적으로 수행하기 위해서 구매관리자는 다양한 지식과 스킬을 갖춰야 한다.

구매관리 업무를 충실히 수행하기 위해서 요구되는 자질과 역량과 태도는 무엇일까? 구매관리자가 갖춰야 할 지식과 스킬 그리고 자세로 구분하여 알아보고자 한다. 그리고 구매관리 업무가 신뢰받기 위해 절대적 요건인 구매윤리를 알아보고자 한다.

1 구매관리 업무를 위해 필요한 지식(Knowledge)

구매관리 업무를 효율적이고 체계적으로 수행하기 위한 지식은 기본 지식, 재료 지식, 업계 지식으로 구분할 수 있다.

첫째, 기본 지식으로는 경제 흐름에 대한 이해, 기업 경영에 관한 지식, 구매 관련 법규의 이해 그리고 글로벌 구매를 위한 외국어 능력이다.

구매관리 업무는 경제의 흐름과 밀접한 관계를 맺고 있으며, 영향도 매우 크다. 따라서 국내뿐만 아니라 해외를 포함한 경제 흐름을 이해하고 있어야 한다. 특히 원재료 관련 업무를 수행하고 있다면 수요와 공급의 흐름을 항상 파악하고 있어야 한다. 이를 위해서 경제 흐름을 지속해서 파악할 수 있는 관련 사이트나 전문지의 활용이 필요하다.

구매관리는 구입하고자 하는 품목을 제작하는 제조회사나 판매회사를 관리하는 것이기 때문에 경영의 관점에서 기업을 이해하고 판단할 수 있는 지식이 필요하다.

구매관리 업무를 위해 필수적으로 알아야 할 법규는 '공정거래법'과 '하도급거래 공정화에 관한 법률'^{약칭 : 하도급법}이다.

글로벌 구매가 확대되면서 외국어 능력도 중요한 요소가 되었다. 영어 능력을 포함하여 글로벌 소싱이 확대되고 있는 중국어를 포함한 해당 지역의 언어능력을 갖출 필요가 있다.

둘째, 재료 지식은 구입하는 재료의 특성, 생산기술, 규격, 원가 구성에 대한 지식이다. 제조원가에서 가장 큰 비중을 차지하는 것이 재료비며, 구입하는 품목의 기능에 가장 영향을 미치는 것도 재료다. 따라서 재료에 관한 지식은 재질의 종류뿐만 아니라 재질 기호 및 특성에 대한 이해가 요구된다. 생산공정에 대한 이해와 원가 구성까지 이해하는 것이 바람직하다.

셋째, 업계 지식은 거래선에 관한 지식, 동종 타사에 관한 지식이 수반되어야 한다. 현재 공급하고 있는 공급자 외에 공급이 가능한 공급자를 파악해야 한다. 경쟁회사에 동일하거나 유사한 품목과 재료를 공급하는 공급자를 파악하는 것은 필수 사항이다. 아울러 현재 거래하고 있는 공급자는 업계 내에서 어떤 위치인지도 파악할 필요가 있다.

2   구매관리 업무에 필요한 스킬(Skill)

구매관리 업무의 능력 향상을 위해서 경영분석, 원가분석, VA/VE, IT 활용 능력이 요구된다. 현재 거래하고 있는 기업의 재무안정성을 비롯한 수익성, 성장성은 지속적인 거래를 위한 중요한 요소다. 구매관리자가 직접 경영분석을 실시하기는 쉽지 않지만, 기업의 경영 상태를 나타내는 재무제표나 신용평가서를 이해하고 판단할 수 있어야 한다.

원가관리 업무를 효율적으로 수행하기 위해서는 원가분석의 능력이 요구된다. 원가분석 스킬은 구매관리자가 지속해서 학습하고 지향해야 할 과제다. 원가절감을 체계적이고 합리적으로 시행하기 위해서는 VEValue Engineering, 가치공학, VAValue Analysis, 가치분석에 관한 지식도 필요하다.

최근에는 모든 업무가 IT 시스템으로 이루어지기 때문에 ERP나 SRM의 활용 능력은 구매관리 업무수행을 위해서 절대적으로 요구되는 스킬이다. 실시간 데이터 공유를 목적으로 하는 ERPEnterprise Resource Planning, 전사적자원관리 시스템을 제대로 활용하지 못한다면 효율적인 업무수행이 어렵다. 최근에 적용이 확대되고 있는 SRM Supplier Relationship Management, 공급사관계관리의 이해와 활용도 필요하다.

3 구매관리 업무를 합리적으로 수행하는 데 필요한 자세(Attitude)

구매관리 업무수행에 필요한 자세는 성실, 신념, 공정, 치밀, 결단력, 적극성, 협조성, 이해력, 밸런스 감각이다. 구매관리 기본 강의를 하면서 수강생에게 구매관리자로서 가장 필요한 자세를 선택해 보라고 하면 성실부터 밸런스 감각까지 다양하게 선택한다. 그러나 구매관리 업무를 하다 보면 그 어느 하나도 제대로 수행하기가 결코 쉽지 않다.

최근에 구매관리 영역을 비롯해 가장 많이 요구되는 자세는 공정이다. 공정은 본인이 공정하게 업무를 수행하고 있다고 주장해도 상대방이 공정하지 않다면 공정하지 않은 것이다. 상대방이 공정하다고 평가할 때 비로소 공정한 것이다. 구매관리 업무를 하면서 성실한 자세로 치밀하면서도 공정하게 한쪽으로 치우치지 않고, 밸런스 감각을 유지하려고 꾸준히 노력해야 한다.

4 구매관리자가 갖추어야 할 윤리의식

구매관리 업무수행에 필요한 지식을 갖추고, 다양한 스킬을 함양하고, 필요한 자세를 갖추었다 해도 업무 과정에서 구매윤리를 준수하지 않는다면 신뢰를 얻을 수 없다. 선진 구매관리 업무에서 첫 번째로 요구되는 것이 구매관리자의 윤리의식이다. 구매관리자 가운데 한 사람이라도 업무 과정에서 윤리 문제를 일으킨다면 그

| 구매관리자가 갖추어야 할 KSA ─────────────

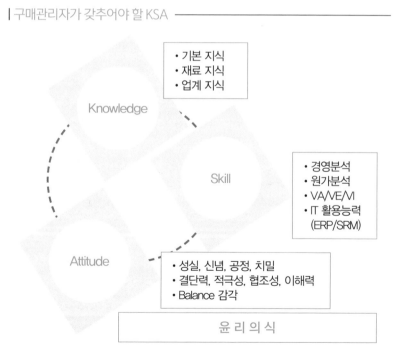

기업의 구매관리 업무 전체가 신뢰를 잃게 되며, 더 나아가 회사의 평판에도 흠집을 내게 된다. 따라서 구매관리자는 모든 업무에서 철저한 윤리의식을 가지고 임해야 한다.

2장

구매관리 업무의
개요와 특징

...

구매관리 업무가 어려운 이유 중의 하나가 모든 업무를 구매 부서 단독으로 진행할 수

없다는 것이다. 구매관리 업무는 한두 부서가 아닌 여러 부서와 관련이 있다. 특히 구매

관리를 처음 시작하는 경우에는 먼저 관련 부서와의 관계를 이해해야 한다.

구매관리 업무의 개요와 역할

구매관리는 무엇을 하는 것이며, 어떤 일을 해야 하는가?

1 구매관리 업무의 개요

구매관리 업무는 사용자 부서가 요청하는 물품이나 서비스를 좋은 품질과 저렴한 가격으로 필요로 하는 납기에 맞춰 거래처로부터 공급받는 일이다. 또한 생산에 필요한 설비나 원재료, 부품 등의 자재를 공급자로부터 구입하거나 조달하는 행위이다. 외부 기업으로부터 서비스용역를 취득하는 것도 구매관리 업무에 속한다. 구입하는 품목은 완제품, 원료, 부품, 표준규격품, 외주품, 서비스 등이 있다.

구매관리 업무는 구입하고자 하는 품목이 정해진 납기 내에 입고되도록 하고, 약속된 품질기준을 지키며, 목표원가를 달성하도록 하는 것이다. 다시 말해 구입하는 품목의 QCD를 관리하는 일이다.

1) **구입품의 납기관리**(Delivery)

구입품의 납기관리는 구매관리 업무의 기본이다. 사용자 부서의 요구 일정이나 생산계획 일정에 약속된 품목이 차질 없이 입고되도록 하는 것이다. 급격한 수요 증가로 납기 조정이 필요한 경우에는 구매담당자는 사용자 부서나 생산관리 담당자와 협의를 거쳐 공급자의 납기를 조정해야 한다.

2) **구입품의 품질관리**(Quality)

구매관리 부서는 품질기준에 적합한 물품이 공급되도록 공급자를 관리해야 한다. 구입품의 합격·불합격 여부는 품질관리 부서와 공급자 간의 합의된 검사기준서에 의거하여 판단한다. 구매품의 품질기준은 도면이나 시방서에 의해 결정되므로 이에 대한 충분한 이해가 필요하다. 필요한 경우에는 공급자로부터 품질관련 사양변경 안을 받아서 관련 부문과 협의를 거쳐 원가절감을 추진하기도 한다.

3) **구입품의 가격관리**(Cost)

구입품의 가격관리는 구입하고자 하는 품목의 가격결정과 원가절감으로 구분한다. 구입품의 가격결정은 견적비교법을 비롯한 다양한 방법이 있으며, 최종적으로는 공급자와 협의를 통해서 결정한다.

원가절감은 경영이익 확보를 위해서 중요한 과제다. 목표가격은 사내의 원가기획 부문이 제품의 판매예정가격이나 시장가격을 기준으로 결정한다. 구매관리 부서는 목표가격 내에서 가격이 결정되도록 해야 한다. 동일 품목을 반복적으로 거래하는 경우는 공급자와 다양한 원가절감 방안을 모색하고 추진해야 한다.

| 구매관리 업무

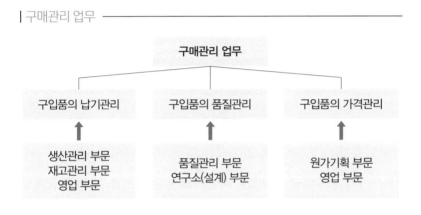

2 구매관리 목적과 역할

1) 구매관리의 목적

구매관리의 목적은 기업의 생산활동이나 영업활동이 원활하게 추진될 수 있도록 지원하는 데 있다. 이를 위해서 사용자가 요구하는 필요한 물품이나 서비스를 싸고 좋은 품질로 요구 일정에 맞춰서 구입하여 제공함으로써 기업활동이 원활하게끔 한다.

구매관리의 기본적인 역할은 구매요청에 따라 공급자와 가격과 납기를 협의하고 결정하는 일이다.

① 사용자 부서가 요구하는 품질의 물품이나 서비스를 확보한다.
② 사용자 부서가 요구하는 물품이나 서비스를 싼 가격으로 확보한다.
③ 사용자 부서가 요구하는 물품이나 서비스를 필요한 시기에 필요한 장소에 공급한다.
④ 공급자와 공존공영의 신뢰관계를 구축한다.

2) 구매관리의 역할

구입품의 QCD 관리의 기본적인 역할 외에 다양한 역할이 있다. 신규 거래처의 발굴 및 평가, 기본거래계약서 체결, 기존 공급자의 평가, 구매실적 데이터의 분석과 구매계획의 수립, 구매관리 프로세스 구축 및 시스템 도입 등이 있다.

(1) 신규 공급자의 발굴 및 평가

기존 공급자보다 더 나은 QCD를 추구하거나, 자사가 갖고 있지 않은 기술을 외부로부터 취득할 목적으로 신규 공급자를 발굴한다. 정해진 선정평가 기준을 통과하고 등록을 하면 거래를 시작한다.

(2) 기본거래계약서 체결

기본거래계약서는 신규 공급자와 거래개시에 앞서 지불조건, 검사조건, 기밀유지 등 거래에 관한 기본조건에 대해서 서면으로 체결하는 것이다. 구매담당자는 법무팀과 협의하여 기본거래계약서를 만들고, 공급자와 계약조건을 협의한다. 기본거래계약 체결은 하도급법에서 준수하도록 요구하는 사항이다.

(3) 기존 공급자의 평가

기존 공급자의 평가는 현재 거래를 하고 있는 공급자를 납기, 품질 등 실적 지표에 의거하여 정기적으로 평가하는 것이다. 납기실적은 생산관리 부서나 재고관리 부서의 실적 데이터를 반영하고, 품질실적은 품질 부서의 실적 데이터를 반영한다. 개발능력에 관한 데이터는 설계 부서로부터 받는다. 기존 공급자의 평가는 구매부문 단독으로 시행하지 않고, 품질팀을 포함한 평가팀을 구성하여 추진한다.

(4) 구매실적 데이터 분석 및 계획수립

구매실적 데이터를 분석해서 구입품의 카테고리별 구입금액이 차지하는 비율을 파악하고, 재고현황의 관계를 분석하여 향후 발주계획에 반영한다. 기존 공급자의 평가를 반영하여 필요한 경우에는 공급자의 발주 비율을 조정한다. 판매 및 생산계획을 반영하여 원가절감 포인트를 발굴하여 절감 계획을 수립한다.

(5) 구매관리 프로세스 구축 및 시스템 도입

구매관리 업무의 체계화를 위하여 프로세스를 구축한다. 프로세스를 효율적으로 운영하기 위하여 ERP, SRM 등 다양한 시스템을 도입하여 적용한다. 구매관리 시스템을 운영하면서 프로세스를 지속적으로 개선해야 한다.

구매관리 업무와
관련 부서의 관계

**구매관리 업무는 관련 부서와 협의 없이
단독으로 진행할 수 없다.**

구매관리 업무가 어려운 이유 중의 하나가 모든 업무를 구매 부서 단독으로 진행할 수 없다는 것이다. 구매관리 업무는 한두 부서가 아닌 여러 부서와 관련이 있다. 특히 구매관리를 처음 시작하는 경우에는 먼저 관련 부서와의 관계를 이해해야 한다. 구매관리 업무를 제대로 수행하기 위해서는 관련 부서가 필요로 하는 내용을 사전에 충분히 확인해야 한다. 구매관리 업무와 가장 관련이 많은 생산관리 부서, 품질관리 부서, 개발 부서, 재무 부서, 법무팀과의 관계를 알아본다.

1 생산관리 부서와의 관계

구매관리 업무의 기본인 납기관리는 생산계획 및 변동을 관리하는 생산관리 부서와 매우 밀접하게 연결되어 있다.

1) 생산계획의 수립

생산관리 부서는 단기, 중기, 장기 생산계획을 수립한다. 구매관리자는 생산계획을 기준으로 공급자의 공급능력을 확보하고, 발주비율을 결정한다. 생산계획의 수량_{대수}과 BOM을 기준으로 자재 소요량을 산출하고 리드타임과 재고수량과 발주잔량을 반영하여 발주수량을 결정한다.

ERP 시스템에서는 MRP 시스템으로 발주수량이 확정된다. 구매담당자는 생산계획을 기준으로 발주서를 작성하여 공급자에게 송부한다.

2) 생산계획의 관리

생산관리 부서는 생산이 계획대로 진행되는지, 아니면 변동사항이 발생하는지를 관리한다. 생산공정의 일부나 중요한 부품을 공급자로부터 받는 경우에 공급자의 공정의 문제로 인하여 납기차질이 발생하는 일이 있다. 또는 급격한 생산량 증가로 공급자의 생산능력을 초과하는 경우도 있다. 이런 경우에 구매관리 담당자는 생산관리 담당자와 협의를 통해서 자사의 생산계획을 변경하거나 신규 공급자를 발굴하여 부족한 수량을 공급받도록 대책을 수립해야 한다.

3) 생산관리 방식 및 재고관리 방법의 변경

생산관리 부서는 필요에 따라 생산방법이나 재고관리 방법을 변경할 수 있다. 예를 들면 생산과 재고관리의 최적화를 위한 JIT Just In Time, 적시생산방식나 VMI Vendor Managed Inventory, 공급자재고관리의 도입을 추진할 수 있다. 이런 경우에는 구매담당자는 협력업체의 대응 방안을 수립하고, 생산관리 담당자와 적용 시점을 협의해야 한다.

| 생산관리 부서와의 관계 ────────────────

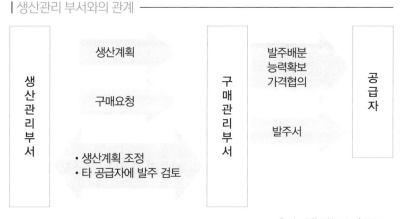

출처 : 《購買管理》, 鬼沢正一

2 품질관리 부서와의 관계

품질관리 부서와의 관련 업무는 구입품의 검사와 품질평가, 공급자의 평가 및 품질지도, 품질보증제도무검사 제도의 도입이 있다.

1) 공급자의 선정 및 평가

품질관리 부서는 신규 공급자 선정평가나 기존 공급자의 정기평가를 구매관리 부서와 함께 실시하며, 공급자의 품질관리 시스템을 담당한다.

2) 구입품의 검사 및 품질평가

품질관리 부서는 공급자로부터 납입된 품목을 검사하고 판정한다. 부적합으로 판정이 나면 반품시키거나 선별 조치를 결정한다. 또한 구입품의 품질 데이터를 분석해서 공급자의 정기평가에 반영하도록 한다.

3) 공급자의 품질지도

특히 소규모의 공급자는 품질관리 전문가가 없는 경우도 있다. 그러한 경우에는 품질관리 부서는 협력업체의 품질관리 방법의 개선을 지도하며, 품질관리 시스템을 구축하도록 지원한다.

4) 품질보증제도(무검사 제도)의 도입

품질보증제도는 공급자의 품질관리 수준이 안정적으로 확인되었을 경우에 수입검사를 생략하는 제도다. 품질관리 부서는 공급자의 품질관리 시스템을 감독하고 평가하는 업무를 구매관리 부서와 협의해서 진행한다.

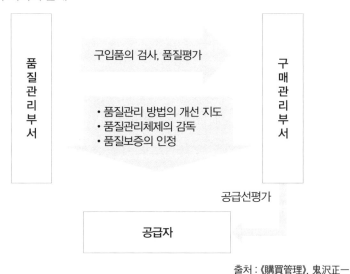

출처 : 《購買管理》, 鬼沢正一

3   개발 부서(연구소)와의 관계

개발 부서와의 관련 업무는 개발구매와 개발위탁 구매가 있다.

1) 개발구매

신제품 개발 단계부터 구매사양, 공급자의 선정까지 개발 부서와 구매관리 부서가 하나가 되어 추진하는 활동을 개발구매라고 한다. 제품원가의 70~80%가 개발 단계에서 결정되므로 개발구매는 유효한 비용 절감의 기법이라고 불린다. 최근에는 비용 절감뿐만 아니라 환경 대책과 법규 준수 관점에서 개발 단계부터 구입품의 선정에 구매관리 부서가 참여하는 기업이 늘어나면서, 개발구매의 중요성이 점차 증가하고 있다.

2) 개발위탁의 구매

프로그램이나 반도체 산업의 개발위탁처럼 인적자원 부족의 해결과 제품개발 기간의 단축 목적으로 외부에 제품개발의 일부나 전체를 위탁하는 일이 증가하고 있다. 구매관리 담당자는 개발사양에 관련된 지식재산권특허 등의 귀속 범위를 개발 부서로부터 받아서 개발위탁 계약서를 작성한다.

신규 공급자를 선정하는 경우에 구매관리 부서에 정보가 부족하다또는 지식이 없다는 이유로 개발 부서가 주도해서 공급자를 선정하는 경우가 많았다. 구매관리 담당자는 공급자의 기술력뿐만 아니라 양산 시의 공급능력 및 품질보증 시스템과 그 회사의 경영상황 등을 반영하도록 공급자 선정 단계에 적극적으로 참여해야 한다.

4 재무 부서(회계)와의 관계

재무 부서는 제조원가계산 및 구입품의 대금지불 업무와 관련이 있다.

1) 제조원가계산

재무 부서는 초기에 사내 제조비용 및 외부의 구매비용에 관한 정보를 집계하여 제조원가를 산출한다. 자사 제품의 시장동향을 반영하여 제조 부서, 설계 부서, 마케팅 부서와 협의해서 제조원가를 계산한다. 구매관리 부서는 외부로부터 구입하는 자재 및 외주 비용을 재무 부서에 제시한다.

2) 대금지불

구매요청 부서는 구매사양의 결정과 검수 권한을, 구매관리 부서는 구입품의 가격과 공급자 결정 권한을, 재무 부서는 공급자에게 지불 권한을 갖는다. 구입과정의 업무를 분담함으로써 상호 견제를 통해서 부정 발생을 사전에 방지하도록 한다.

구매관리 부서는 발주한 물품이나 서비스가 요청부서의 일정에 맞추어 공급이 완료되면 재무 부서에 대금지불을 요청한다. 자사의 현금흐름을 고려해서 공급자에게 지불조건을 결정하는 곳은 재무 부서다. 구매관리 부서는 이 지불조건에 따라 공급자와 지불조건을 협의해야 한다.

5 법무팀과의 관계

공급자와 계약체결은 구매담당자의 주요한 업무다. 신규 공급자를 선정하면 자사의 기본거래계약서를 기초로 거래개시를 위하여 구매담당자가 창구가 되어 계약을 체결한다. 기본거래계약서를 작성할 경우에 법무팀과 최신 법규 및 자사의 계약방침을 협의하여 작성한다.

자사의 기본거래계약서를 공급자에 제시한다고 해서 그대로 계약된다고 보기는 어렵다. 공급자가 계약서의 일부 조항의 변경을 요구하는 경우에 법적 요건이나 자사의 방침에 벗어나는지를 법무팀의 의견을 구해서 공급자와 협의해야 한다. 이런 경우에 공급자가 제시한 내용의 검토를 일방적으로 법무팀에 의존하지 말고, 구매담당자는 충분한 의견을 제시할 필요가 있다.

이외에 개발위탁 계약, 비밀보호 계약, 소프트웨어 라이선스 계약도 구매담당자가 창구가 되어 체결한다. 이때도 법무팀과 협의를 해서 추진한다.

자사의 기본거래계약서는 하도급법이 요구하는 내용이 반영되어야 하며, 공정거래위원회에서 보급하는 업종별 표준하도급계약서를 참조하여 작성하도록 한다.

구매관리 품목의 종류와 특성

**구매관리 부서가 담당하고 있는 품목은 어떤 것이 있으며,
특성은 어떻게 다른가?**

기업에서 제품의 생산 및 운영을 위해 구입해야 하는 품목은 여러 종류가 있다. 각각의 품목이 가지고 있는 특성도 매우 다양하다. 기업의 업종과 규모에 따라서 구입하는 모든 품목의 구매를 구매관리 부서가 담당하기도 하고, 구매관리 부서와 사용자 부서가 품목의 특성에 따라 나눠서 담당하기도 한다.

먼저 구입하고 있는 품목의 종류와 그들이 가진 특성을 알아보자. 그리고 구매관리 부서가 모든 구입품목을 담당해야 하는 이유를 살펴보자.

1 구입품목의 종류

기업에서 구입하는 품목은 원재료, 부품, 비품과 소모품, 사무

용품, 그리고 기계와 설비, 치구와 공구가 있다. 직접 구입하는 품목은 아니지만 비용이 지출되는 공사와 용역이 있다. 최근에는 IT와 보안에 관련된 시스템 구축과 유지 분야가 증가하고 있다.

| 구입품목의 분류

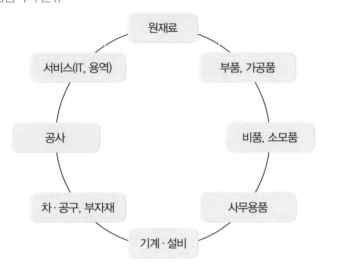

2 구입품목의 특성

구입하는 품목의 특성을 규격관리Specification, 설계Design, 구입가격Cost, 리드타임Lead Time 그리고 관리 핵심 포인트Key Control 항목으로 나누어 살펴보면 다음과 같다.

구분	원재료	부품/가공품	설비/공사	비품/소모품	용역/IT
규격 관리	사양서/ Mill sheet	도면/사양서/ 시방서	사양서	없거나 제한적 (품목코드)	SOW
설계	표준/맞춤형	맞춤형	맞춤형	표준	맞춤형
구입 가격	시장 변동가격 반영, 구매 타이밍	초기단가 협의 결정 후 단계별 인하	고가	시장가격	전문성에 따라 가격편차 큼
리드 타임	길다 (외자경우)	품목별 상이	매우 길다	짧다	짧다
관리 핵심 포인트	시장흐름 파악 선행구매 안정적 조달 Win-Win	협력업체의 선정 평가와 정기평가	계약관리 (유지, 보수, 교육) TCO	표준화 통합구매 공격적 협상 아웃소싱	서비스구매 전문가 육성 서비스평가 및 이력관리

1) 규격관리

구입품목의 규격관리는 원재료의 경우는 발주자의 사양서나, 공급자의 밀시트Mill sheet로 관리한다. 부품/가공품은 주로 발주자가 제시한 도면, 시방서사양서로 관리하며, 공급자가 제공한 도면을 승인하기도 한다. 비품/소모품은 구매관리 부서에서 제시하기보다는 공급자의 품목코드를 활용한다. 설비/공사와 용역/IT는 사용자 부서가 작성한 사양서나 SOWStatement of Works, 작업명세서로 관리한다.

2) 설계

필요로 하는 품목의 사양을 누가 결정하느냐에 따라 맞춤형과 표준형으로 나눈다. 구매자가 사양을 제시하는 경우는 맞춤형이며, 공급자가 생산하고 있는 품목이나 공급 가능한 품목을 선택하면 표준형이다.

원재료는 표준형이 대부분이지만, 대량 사용 등 필요할 때는 발주자가 제시한 사양서로 신규로 개발한 품목을 공급받는 맞춤형으로 진행하기도 한다. 부품, 가공품은 도면이나 사양서로 필요한 사양을 제시하는 맞춤형이 많다. 비품, 소모품은 공급하고 있는 품목 가운데 선택하는 표준형이다. 설비/공사와 용역/IT는 사양서나 시방서를 기준으로 서로 협의하여 결정하는 맞춤형이다.

3) 구입가격

구매관리에서 가장 중요하게 여기는 구입가격도 구입하는 품목에 따라 관리 포인트가 달라진다. 원재료는 시장 변동가격이 적용되므로 구매 시점에 따라 가격의 변동요인을 반영해야 한다. 수입하는 원료의 경우는 환율변동 내역도 반영해야 한다. 부품/가공품은 거래 초기에 상호 협의를 거쳐 단가를 결정하고, 일정 기간마다 원가절감을 추진한다. 설비/공사는 수행할 수 있는 기술력이 중요하기 때문에 먼저 현장 설명회를 통하여 기술능력을 확인한다. 기술능력이 검증된 공급자에게 견적서를 요청하여 가격을 결정한다. 용역/IT는 서비스 품질과 전문성에 따라 차이가 크다.

4) 구매 리드타임

구매 리드타임은 발주를 하고 나서 입고되는 시점까지의 소요되는 기간을 말한다. 구매 리드타임은 생산관리와 재고관리에 직접적인 영향을 주는 중요한 항목이다. 원재료를 해외에서 구입하는 경우에는 리드타임이 길기 때문에 사전에 재고와 발주 시점을 관리해야 한다. 부품/가공품은 품목별로 다르기 때문에 주요 품목은 리드타임을 사전에 관련 부서와 공유하도록 한다. 설비/공사는 계약에 따른 검토 및 협의에 많은 시간이 소요되며, 제작 및 설치에도 많은 시간이 소요된다. 비품/소모품은 구매 리드타임이 매우 짧은 편이며, 용역/IT는 품목에 따라 달라진다.

5) 관리 핵심 포인트

원재료는 경제 상황과 시장흐름에 따라 가격 변동의 폭이 매우 크므로, 사전 예측과 판단이 매우 중요하다. 필요할 때는 선행구매도 고려해야 한다. 또한 원재료는 구입가격의 요소도 중요하지만, 안정적인 공급이 가능한지를 우선 고려해야 한다.

부품/가공품은 납기나 품질의 문제가 발생하면 생산에 지장을 초래하기 때문에 협력업체의 선정과 정기평가에 중점을 두어야 한다. 설비/공사는 제작 및 설치 과정의 안전관리와 설치 이후의 유지보수 및 하자 처리 등에 관한 내용이 반영되도록 계약관리에 중점을 두어야 한다. 용역/IT는 계약 내용 검토와 시행 관리를 할 수 있는 전문가 육성이 중요한 과제다.

3 구입품목별 담당 부서

기업의 업종과 규모에 따라서 구입품목별로 담당하는 부서가 다르다. 구입하는 모든 품목을 구매관리 부서가 담당하거나, 품목별 특성에 따라 구매관리 부서와 사용자 부서가 나눠서 담당한다.

제조업에서는 원료와 부품은 구매관리 부서가 담당한다. 비품, 소모품, 사무용품은 주로 총무부서나 경영관리 부서에 담당하며, 기업에 따라서는 사용자 부서가 직접 구매하기도 한다. 기계/설비는 사용하는 생산 관련 부서나 생산기술 부서가 구입하기도 한다. 공사나 용역은 총무나 경영관리가 담당하며, 해당 부서가 주관하여 추진하기도 한다. 최근에 구매비용 측면에서 큰 비중을 차지하고 있는 IT와 보안 분야의 프로그램이나 장비는 해당 부서나 경영관리가 담당한다.

4 구매관리 부서가 전 품목을 담당해야 하는 이유

최근에는 구매관리 부서가 모든 구입품목을 담당하는 기업이 늘어나고 있다. 비품, 소모품, 사무용품은 통합구매를 통한 원가절감을 추진하기 위하여 구매관리 부서로 업무를 이관하고 있다. 서비스 용역의 계약관리 업무도 구매관리 부문이 담당하고 있다. 그 이유는 다음과 같다.

첫 번째 이유는 경영환경이 치열해지면서 원료나 부품 이외의 모든 분야에서 비용 절감을 해야 하기 때문이다. 여러 부서에서 구매하고 있는 품목의 발주를 일원화하여 구매물량을 통합함으로써 가격인하를 통한 이윤을 창출하고자 한다. 또한 구매관리 전문가로 하여금 구매관리 프로세스를 구축하고 시스템화함으로써 업무 효율을 높이고자 한다.

두 번째 이유는 구매윤리 준수 차원이다. 기업에서 윤리경영이 확대됨에 따라 윤리적 책임을 강력하게 요구하고 있다. 특히 공정거래 및 하도급거래 관계에서 지켜야 할 구매윤리는 매우 중요한 요소가 되었다. 따라서 공급자로부터 견적을 접수하여 가격을 결정하고 공급자를 선정하는 과정에서 일어날 수 있는 공급자와의 윤리 문제를 사전에 방지하고자 한다.

구매 관련 업무를 구매관리 부문으로 일원화하고 지속적인 교육을 통해 윤리의식을 함양하고, 사후 감사를 통해서 구매윤리 문제가 발생하지 않도록 해야 한다.

구매관리 업무의 구분과 특징

제조구매, 일반구매, 서비스구매는 어떻게 다른가?

　기업에서 경쟁력 확보를 위한 원가절감의 필요성과 구매윤리 준수의 중요성이 커지면서 구매관리 업무영역이 점점 확대되고 있다. 기업에서 필요로 하는 모든 품목을 특성에 따라 구매관리 부서와 사용자 부서가 나누어 구입하던 업무를 구매관리로 일원화하여 집중화 구매를 추진하고 있다.

　구입하는 품목의 특성에 따라 구매관리 업무도 원료와 부품 위주의 제조구매, 비품·소모품 위주의 일반구매, 용역계약 위주의 서비스구매로 나눠진다. 각각의 개념과 특징을 살펴보고자 한다.

1　제조구매의 개념과 특징

　제조구매는 기업에서 가장 오래된 구매관리 업무영역으로 원료, 부품, 부자재를 담당한다. 기업의 총매입금액에서 차지하는 비중이 가장 높으며, 제조원가에서도 재료비로 분류되어 가장 많은 부분을 차지하고 있다. 따라서 경영이익 실현의 차원에서 원가절감이 가장 많이 요구되는 핵심 영역이다.

제조구매는 생산에 필요한 원료와 부품을 공급하는 일이므로, 생산 부문과 매우 긴밀하게 업무를 하게 되며, 납기관리 업무가 가장 우선시된다. 납기지연이 발생하면 생산일정의 차질을 초래하게 되므로 납기관리가 매우 중요하다.

제조구매에서 필수적으로 갖추어야 할 능력은 협력업체 관리다. 회사에 필요한 원료나 부품의 납기준수와 원하는 품질 확보 및 원가절감을 달성하기 위해서는 협력업체의 적극적인 협력이 필요하다. 담당하고 있는 품목의 납기와 품질관리를 제대로 하기 위해서 협력업체의 생산공정을 파악하고 이해해야 한다. 또한 지속적이고 안정적인 공급과 원가절감을 이루기 위해서 경영관리와 재무안정성에 대한 파악도 필요하다.

제조구매를 담당하는 구매담당자는 제조 부서 및 개발 관련 부서와의 원활한 업무 소통에 필요한 기술적 지식을 갖추어야 한다. 협력업체와 납기, 품질, 원가 관련 협의를 위해서 도면과 시방서를 충분히 이해해야 하며, 제조공정의 파악을 위한 기술적 지식도 갖추어야 한다.

최근 구매관리에서 강조되고 있는 협력업체와의 동반성장을 위해서는 상호 존중과 공정한 거래가 이루어져야 하며, 이와 관련된 하도급법을 정확히 알고 준수해야 한다.

2 일반구매의 개념과 특징

일반구매는 소모품, 비품, 사무용품을 주로 담당하며, 기업에 따라서 설비나 보전 자재까지 담당한다. 일반구매를 제조구매와 구분하여 간접구매General Procurement라고 부르기도 하며, 최근에는 MRO 구매Maintenance, Repair, Operations, 유지보수운영자재로 불리기도 한다.

일반구매의 특징은 업무에 필요한 사무용품을 비롯한 기기나 비품 등을 구매하는 업무이기 때문에 취급하는 품목이 매우 많다는 것이다. 여러 부서로부터 다양한 품목의 구매요청을 받아서 업체를 선정하기 위하여 견적을 요청해야 하고, 접수한 견적을 비교하여 결재를 득한 후에 발주하기까지 구입금액 대비 관리비용이 많은 편이다.

일반구매는 업무절차의 개선을 통한 업무의 효율화를 이루는 것이 가장 중요하다. 따라서 사무용품이나 비품 등의 표준화를 통해 품목을 단순화하여 발주수량을 통합함으로써 원가를 절감하는 일이 우선되어야 한다.

최근에 많은 기업이 구매업무 시스템e-Procurement, ERP을 도입하여 구매요청이나 발주의 절차를 시스템화하여 업무의 효율화를 추진하고 있다. 또한 MRO 전문 회사에 구매업무를 아웃소싱함으로써 구매요청이나 발주 횟수를 획기적으로 줄이고, 원가절감을 추진하고 있다.

3 서비스구매의 개념과 특징

서비스구매의 주요 업무는 계약이다. 경비와 청소 등의 일반적인 용역계약을 담당해왔으나, 최근에 계약 관련 업무영역이 IT 시스템을 비롯한 기술용역, 보안용역, 안전, 환경 관련 용역의 계약으로 업무의 범위가 확대되고 있다.

서비스구매를 제대로 하기 위해서는 계약에 관한 업무 지식을 넓혀야 한다. 특히 계약에 관련된 하도급법을 비롯한 해당 법규의 사전 이해를 통해 향후 계약의 이행 지체나 불이행에 따른 문제를 최소화하여야 한다. 계약을 제대로 체결하기 위해서는 계약에 관련된 부서와 사전 협의를 통해서 계약에 필요한 업무적 사항이나 기술적 내용을 충분히 이해하고 있어야 한다. 서비스구매 영역은 앞으로 계속해서 업무의 범위가 점점 확대될 것으로 예상되므로 전문가 육성이 시급하다.

| 관리품목별 특징 ────────────────────────────────────

구분	제조구매	일반구매	서비스구매
구입품의 사양	발주회사의 도면/사양	수주회사의 규격/코드	발주회사의 시방서 (SOW)
구입 횟수	반복적이며 지속적	일회적이거나 간헐적	일회적, 간헐적, 지속적
가격결정	원가분석에 의한 가격결정	견적비교법, 입찰	견적비교법, 입찰
업체 변경	차기 발주 시 변경 어려움	차기 발주 시 변경 가능	차기 발주 시 변경 가능
계약 방식	기본거래계약으로 구매	발주서 또는 매매계약	개별계약서
외주관리	외주업체 관리가 중요	외주업체 관리 불필요	외주업체 관리 필요

구매관리 업무영역별 차이와 특징

조달구매, 개발구매, 전략구매의 차이와 특징은 무엇인가?

현재 우리 회사 구매관리 부서에서 하고 있는 업무영역이 타당한 것인지에 대해 많은 구매담당자가 궁금해하고 있다. 어떤 회사에서는 공급업체 선정과 구입가격 결정은 연구소나 개발 부서에 진행하고, 구매관리 부서는 구입품목에 대한 발주와 납기관리에 집중하고 있다. 반면에 어떤 회사는 담당하고 있는 품목의 업체 선정과 가격 결정 업무까지 구매관리 부서가 담당하고 있다.

일부 회사에서는 구매관리 부서가 신규프로젝트나 제품기획 단계부터 참여하여 관련 부서와 요구하는 사양에 적합한 업체 선정을 협의한다. 또한 향후 협력업체의 육성 방안을 수립하고 추진하는 업무까지 담당하고 있다. 이처럼 회사에 따라서 구매관리 업무의 영역이 매우 다양하다.

구매관리 업무를 수행하고 있는 영역에 따라 조달구매, 개발구매,

전략구매로 구분한다. 제품을 개발하는 과정에서 구매관리 부서가 어느 단계에 참여하느냐에 따라 나눠진다. 조달구매는 개발이 완료되고 양산을 하는 단계부터 참여한다. 개발구매는 설계 및 개발 단계부터 참여한다. 전략구매는 상품기획 단계부터 참여한다. 이에 따라 구매관리의 업무 역할도 달라진다. 조달구매, 개발구매, 전략구매의 주요 업무와 특징을 살펴보고자 한다.

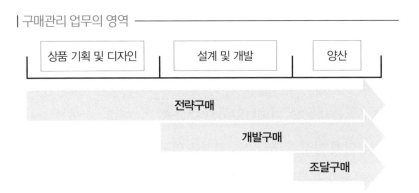

| 구매관리 업무의 영역

1 조달구매

조달구매의 주요 업무는 생산에 필요한 원료나 부품을 공급하는 업무다. 조달구매의 가장 중요한 업무는 생산일정이나 수요 부서가 요구한 일정에 필요한 품목이 차질 없도록 공급하는 일이다. 따라서 생산부서와 밀접하게 일을 하며, 납기준수Time To Delivery가 가장 중요한 임무다.

공급자를 선정하거나 구입단가를 결정하는 업무는 주로 개발을 담당하는 부서나 연구소에서 수행한다. 조달구매는 주로 기업의 규모가 작고, 구매관리 조직의 규모가 크지 않은 기업에서 주로 수행하고 있다.

2 개발구매

개발구매는 구매관리 부서가 제품설계 단계부터 참여함으로써 개발의 목표 달성을 효과적으로 지원하는 업무다. 구매담당자는 신규 제품이나 프로젝트에 필요한 공급자를 선정하고 가격을 결정한다. 개발 일정에 맞추어 원료나 부품을 공급하고, 품질을 육성하는 일을 담당한다. 개발구매는 연구소R&D와 밀접하게 업무를 추진한다. 제품 출시에 차질 없도록 개발 일정에 맞춰서Time To Market 부품을 개발하고 육성하는 일이 핵심 업무다.

기업은 개발구매 업무를 통해 QCD 측면을 고려한 최적의 부품을 조기에 소싱함으로써 제품원가 및 품질 경쟁력 향상을 도모할 수 있다. 특히 전자, 자동차 등 제조산업에서는 원가의 70~85% 이상이 제품개발 단계에서 결정되므로, 기획/개발/구매 부서 간 유기적 협업이 매우 중요하다.

3 전략구매

전략구매는 구매관리 부서가 제품의 기획 단계부터 참여하여 마케팅, 연구소 등과 사전 협의를 통해 목표원가와 목표품질을 달성할 수 있는 최적의 협력업체를 발굴하고 선정하는 일이 주요 업무다. 새로운 제품개발을 위해 기존의 협력업체를 육성하거나, 최적의 협력업체를 새롭게 발굴하여 육성하는 일이 가장 중요한 업무가 된다.

전략구매는 구매영역뿐만 아니라 공급망에 관련된 모든 부문의 최적화를 통해서 경영이익 확보를 위한 구매전략을 합리적으로 수립하고 추진하는 업무다. 공급자에게서 원료나 부품을 공급받는 과정부터 사내 생산과 고객에게 제품을 공급하는 일련의 모든 과정 물류, 재고관리, 품질 등에서 관련 부분과 긴밀한 협업을 통하여 최적화 Integrated Supply Chain를 이루고자 한다. 공급자의 핵심 기술을 도입하고 개발 부서와 적극적인 협업으로 상품 개발 기간을 최소화하여

| 조달구매, 개발구매, 전략구매의 목표

구분	목표	관련 부서	주요 업무
조달구매	Time To Delivery	생산	부품 공급
개발구매	Time To Market	연구소(R&D)	부품 개발
전략구매	Intergrated Supply Chain	기획, 연구소	구매방침

경쟁력을 확보함으로써 기업의 이익창출에 기여한다.

현재 많은 회사에서 수행하고 있는 구매관리 영역은 조달구매다. 최근 자사 제품 위주로 생산하는 기업에서는 제품원가 및 품질 경쟁력 향상을 위해 구매관리 업무를 조달구매 영역에서 개발구매 영역으로 확대하고 있다. 전략구매를 수행하는 기업은 아직은 많지 않으나 점차 늘어나는 추세다.

3장

구매관리 프로세스와 단계별 업무

구매관리에서 발주서는 두 가지의 의미가 있다. 하나는 공급자와 계약을 체결하고 발주함으로써 오랜 협상을 마무리하는 의미가 있다. 다른 의미는 구매관리가 시작됨을 나타내는 것이다.

구매관리 프로세스와
단계별 업무 내용

구매관리 업무는 어떤 절차로 이루어지는가?

구매관리 업무를 제대로 익히고 수행하기 위해서는 먼저 구매관리 프로세스를 이해할 필요가 있다. 구매관리 프로세스는 단순히 구매 부문의 프로세스만 이해하기보다는 사용자 부서와 공급업체와의 관계를 포함하여 이해해야 한다. 전체적인 업무절차와 단계별 절차를 파악하고 이해하는 것이 업무에 적용하기가 쉽다.

구매관리 프로세스를 구매요청 접수부터 구매요청서 검토, 공급자 발굴, 공급자 선정, 발주관리, 입고관리, 대금지불까지 7단계로 나누어서 단계별 업무내역을 정리해보면 다음과 같다.

1 구매요청서 접수

구매관리 업무는 구매요청서 접수로부터 시작된다. 구매요청

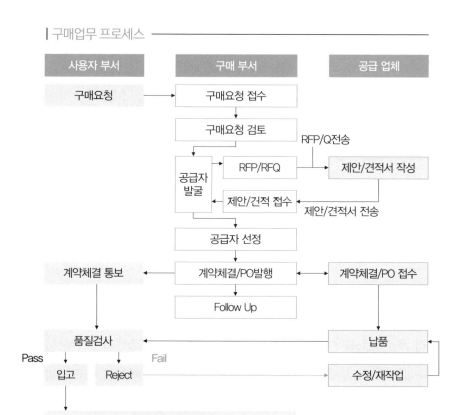

은 구매관리 영역에 따라 달라진다. 일반구매의 경우는 구매요청서
에 필요한 품목과 수량 등을 작성하여 요청한다. 제조구매는 생산
계획에 의거하여 시스템을 통하여 구매요청을 한다. 제조구매는 양
산품목과 신규 개발품목에 따라 달라진다.

1) 양산품목

양산품의 구매요청은 생산계획이 확정되면 주로 ERP 시스템 등에 의해 자동으로 진행된다. MRP 시스템에서 생산에 필요한 부품이나 원료의 소요량이 결정되면 현재의 재고수량을 반영하여 필요한 수량이 결정되고, 시스템에 의해 공급하고 있는 협력업체에 자동으로 발주한다.

시스템을 활용하지 않는 경우에는 생산계획이 확정되면 재고관리 부서에서 해당 품목의 재고수량을 감안하여 필요한 수량을 구매관리 부서에 요청한다.

2) 신규 개발품목

신규개발품은 개발 부서나 설계 부서에서 구매요청서를 작성하고 사양서나 도면을 첨부해서 구매관리 부서에 요청한다. 구매 부서는 시스템이나 메일을 이용하여 협력업체에 필요한 자료와 데이터를 첨부하여 발주한다.

2 구매요청서 검토

일반구매의 경우에 구매관리 담당자는 요청서를 접수하면 구매요청 내용의 타당성을 검토한다. 타당성 검토는 구입금액에 따른 전결규정 준수 및 예산 유무를 포함하여 특기사항의 적정성을 확인한다. 구매요청서가 제대로 작성되어 있지 않거나, 타당성이 미흡할 경우에는 반송한다.

　구매요청서 타당성 검토 항목은 아래와 같다.

　① 요청부서명

　② 승인권자의 서명

　③ 요구하는 구입품이나 서비스의 설명서

　④ 수량

　⑤ 요구 일자

　⑥ 예상가격/실행예산

　⑦ 가능한 공급선

　⑧ 계정과목

　⑨ 특기사항 긴급의뢰, 구입선 지정 등

　제조구매의 경우에 양산품목은 생산계획과 재고방침에 따라 구매요청이 시스템적으로 이루어지므로 타당성 검토를 하지 않는다. 개발품목은 일반구매와 같이 구매요청서의 타당성 검토를 실시한다.

3 공급자 발굴

신규업체를 발굴하여 평가하고 등록하는 일은 구매관리 담당자의 중요한 업무다. 자사의 요구에 부합하는 기술력, 가격, 납기, 품질이 우수한 업체를 발굴한다. 최근에는 환경대책, 안전, 법규 준수 항목과 ESG Environmental, Social, Governance를 추가하는 기업이 늘어나고 있다.

1) 제안서/견적요청

구매관리 담당자는 구매요청서를 분석하여 요건을 갖춘 업체를 발굴하여 RFI Request For Information, 정보제공의뢰서 혹은 RFP Request For Proposal, 제안의뢰서를 요청한다. RFI 내용을 기준으로 기업의 재무상태, 취급제품, 납입 리드타임, 품질관리체제, 생산거점을 확인한다. 구매관리 담당자는 RFI가 일정 기준에 적합하다고 판단되면 RFP를 의뢰한다. 이때 제시된 사양에 대해서 공급자가 역제안을 할 수 있도록 한다. RFI와 RFP를 기준으로 사양을 확정하여 RFQ Request For Quotation, 견적의뢰서를 2개사 이상에 요청한다.

2) 견적 검토

구매관리 담당자는 접수된 견적서를 검토한다. 견적서 검토는 총액을 기준으로 검토하는 방법과 견적서의 내용을 항목별로 비교 검토하는 방법이 있다. 최근에는 자사가 가지고 있는 코스트 테이블을 활용하여 항목별 견적 금액의 타당성을 검토하는 회사가 증가하고 있다.

4 공급자 선정

견적서 검토를 거쳐서 공급업체를 결정한다. 필요한 경우에 선정평가나 샘플 테스트를 실시해서 공급업체를 최종 확정한다.

1) 계약서 검토 및 작성

구매관리 담당자는 업체 신규등록 절차를 준수하여 선정 승인을 받는다. 승인이 완료되면 계약서 작성을 검토한다. 계약서의 형태는 거래내용을 포괄하는 기본거래계약서와 개별거래계약서가 있다. 자사의 기본거래계약서를 공급업체에 제시하여 검토를 요청하거나, 공급업체가 제시한 계약서를 기본으로 검토한다.

자사의 기본거래계약서를 공급업체에 제시한다고 해서 그대로 계약된다고 보기는 어렵다. 공급업체에서 계약서의 일부 조항의 변경을 요구할 경우에 법적 요건이나 자사의 방침에 벗어나는지 법무팀의 검토를 받아서 공급업체와 협의해야 한다. 가능하다면 자사의 계약서를 제시하여 검토받는 것이 유리하다.

2) 발주(PO)

계약이 완료되면 발주서를 작성하여 송부한다. 발주서는 구매 관리 시스템이나 ERP 시스템을 통하여 발송하거나 이메일로 발송한다.

5 발주관리

발주는 구매의 끝이 아닌 시작이다. 공급업체와 사전 협의한 대로 발주서를 발행했다고 해서 납기와 품질이 보장된다고 할 수는 없다. 발주 이후에 진행상황을 꾸준히 모니터링해야 한다. 환경은 유동적이기 때문에 변화 발생 시 신속한 대응이 필요하다. 이상 발생의 조짐이 있거나 문제가 예상되면 사전 조치를 통해 문제를 방지하거나 최소화하도록 한다.

6 입고관리

발주한 물품이 자사에 도착하면 검수와 검사의 절차가 진행된다. 검수는 발주한 조건대로 입고되었는지를 확인하는 절차이며, 검사는 입고품의 품질을 확인하는 절차다.

1) 검수

공급자로부터 납품된 물품은 입고절차를 거친다. 검사를 하기 전에 납품된 물품의 주문번호를 확인하여 기록하고 품질관리팀에 인계한다. 입고 일자 기록은 중요한 사항으로 이를 통해서 납기준수율 또는 납기지연율을 관리하며, 공급업체 정기평가의 중요한 지표로 반영한다. 이러한 입고절차는 구매관리 부서 또는 재고관리 부서나 생산관리 부서에서 담당한다.

2) 검사

입고가 완료된 후에 품질관리 부서는 검사를 실시한다. 검사방식은 전수검사와 샘플링 검사방식이 있다. 품질보증 시스템을 갖춘 공급자는 무검사 제도를 적용하여 입고절차를 간소화한다.

품질 부문이 제공하는 검사 데이터는 대금지불의 근거가 되며, 공급업체 정기평가의 기초 데이터로 활용한다. 불합격 데이터는 공급업체의 품질 지도에 활용하기도 하고, 무검사 제도의 유지 여부를 판단하는 데 사용한다. 검사방식은 구입품의 초기에는 전수검사를 실시하다가 품질이 안정되면 단계적으로 샘플링 검사로 전환한다.

7 대금지불

수입검사를 마치고 입고되면 대금을 지불한다. 구매발주 내용을 기준으로 검사 완료된 데이터가 입력되면 공급자로부터 발행된 세금계산서를 대조하여 재무 부서나 경리 부서에 송금을 요청한다.

대금지불 방식은 첫째, 공급자가 발행한 세금계산서_{정 발행}를 기준으로 지불하는 방법과 둘째, 구매자가 공급받은 내역을 기준으로 발행한_{역 발행} 세금계산서를 기준으로 지불하는 방법이 있다.

지불조건은 하도급법을 적용받지 않는 경우는 양사가 합의하여 결정할 수 있으며, 전자결제를 실시하기도 한다. 표준 대금지불 조건은 재무 부서가 자사의 현금흐름을 고려해서 결정한다. 다만 모든 업체가 구매기업의 표준지불조건을 수락하지 않을 수도 있다. 이런 경우에는 예외적 지불조건을 규정해서 재무 부서의 승인을 받아서 지불조건을 확정한다.

구매요청서의 중요성과 체크포인트

구매요청서는 구매의 출발점이다.

구매관리 업무는 구매자 본인이 필요한 물품을 구매하는 일이 아니라 사용자 부서가 필요로 하는 물품을 구매하는 일이다. 사용자 부서가 요청하는 물품을 제대로 구매하려면 사용자 부서의 요구 내용을 정확하게 전달받아야 한다. 그렇지 않으면 사용자 부서가 요구한 사항과 다른 물품을 구입하게 되어 곤란을 겪을 수 있다.

1 구매요청서의 개념과 중요성

구매요청서는 구매의 출발점이다. 구매요청서는 사용자 부서에서 필요로 하는 물품에 대한 내용을 구매자에게 알려주는 것이다. 구매요청서에는 제품 규격이나 시방서를 첨부해야 한다. 구매관리 담당자는 구매요청서에 근거해서 거래처나 협력업체에 견적을 요청하게 되고, 접수한 견적을 기준으로 가격을 네고NEGO하여 공급자를 결정한다. 만약에 구매요청서의 내용이 충분하지 않으면 견적요청이나 업체 선정이 잘못되어 다른 물품을 구입할 수 있다.

구매요청서는 반드시 문서로 받아야 한다. 구매요청서를 구두로 받는다면 소통과정에서 서로 이해한 내용이 달라 정확하게 전달되지 않을 수 있다. 특히 물품 구입한 이후에 초기 요청 사항과 다른지 아닌지의 판단이 필요할 때 문서가 없으면 정확한 판단을 할 수 없어서 많은 혼란이 발생할 수 있다.

구매요청서의 접수 방법은 회사에 따라 다양하다. 구매전자 시스템e-Procurement을 통해서 받거나 이메일을 통해서 받는다.

구매요청서							
부서명 : 신청자 : (내선)			결재	담당	과장	부장	임원	대표이사
품명 (관리번호)	규격	수량	구매예정가격		제품 관련 설명 혹은 요구사항		
			단가	금액			
합계				납품요청일 :			
가능 거래선	1)			예산 관련	1) 계정과목 :		
	2)				2) 금액 :		
※ 예정가격을 조사하여 위임전결 규정에 따라 결재 바람.							

2 구매요청서에 포함되어야 하는 내용

구매요청서는 회사에 따라 정해진 양식이 있는 경우와 사용자 부서가 필요한 사항을 임의로 작성하여 전달하는 방식이 있다. 구매요청서의 양식을 미리 정해서 사용자 부서로 하여금 정해진 양식을 사용하도록 해야 한다.

구매요청서는 아래와 같은 내용이 포함되어야 한다.

① 요청부서명

② 승인권자의 서명

 - 요청하는 물품의 금액에 따라 회사의 전결규정에 따른 승인권자의 서명이 있어야 한다.

③ 요구하는 구입품이나 서비스의 설명서

 - 구입품에 대한 내용을 정확히 알려줄 수 있는 도면이나 시방서 또는 사양서나 SOW작업명세서를 제시해야 한다.

④ 수량

⑤ 요구 일자

 - 품목별로 구매 리드타임을 반영하여 요청해야 한다.

⑥ 실행예산/예상가격

 - 물품 구입에 필요한 구입비용으로 사용자 부서의 예산을 사용하는 경우에는 실행예산과 사용 가능한 금액을 기입한다.

⑦ 가능한 공급자

　- 사용자 부서가 희망하는 공급자나 그동안 사용해왔던 공급자를 제시하도록 한다. 이는 구매관리 담당자의 공급자 조사와 결정에 많은 도움이 될 수 있다.

⑧ 특기사항 긴급의뢰, 공급자 지정 등

　- 긴급한 사항으로 일반적인 일정보다 앞당겨서 공급이 필요한 경우와 사용자 부서에서 공급자를 지정할 경우에 사유를 기입하도록 한다.

3　구매요청서의 체크포인트

　구매요청서를 접수하면 구매관리 담당자는 필요한 사항이 빠짐없이 기재되었는지를 확인해야 한다. 구매요청서에 기재된 내용대로 물품 구입이 가능한지를 판단해야 한다. 접수한 구매요청서의 내용이 미비하여 구매가 제대로 이루어질 수 없다고 판단되면 구매요청서를 사용자 부서로 돌려보내서 보완을 요청해야 한다.

　구매요청서의 주요 체크포인트는 다음과 같다.

① 구매요청서의 정해진 양식에 필요한 사항이 제대로 기입되어 있는지를 확인한다.

② 구입하고자 하는 물품의 정확한 사양이 제대로 제시되어 있는

지 확인한다. 일반구매품의 경우에는 원하는 물품의 제조사 품목코드 등이 있으면 명확하다. 주문품인 경우에는 도면이나 시방서 또는 SOW가 첨부되어야 한다.

③ 구입하는 금액의 규모에 따라 회사의 전결규정 준수 여부를 확인한다.

④ 긴급의뢰나 구입선 지정 등의 경우에는 사유가 정확히 기재되어 있으며, 그 내용이 타당한지를 파악해야 한다. 사유와 내용에 따라 사용자 부서 상급자의 결재를 요구할 수 있다.

구매요청 내용의 이해

**도면, 시방서, SOW를 이해할 수 있어야
필요한 물품을 제대로 구매할 수 있다.**

구매업무는 사용자 부서의 구매요청으로부터 시작된다. 사용자 부서는 구매요청을 하기 위해서 구매의뢰서나 구매요청서를 작성하고, 본인들이 필요로 하는 물품을 구체적으로 설명하기 위하여 도면, 시방서나 SOW를 첨부한다. 구매관리 담당자가 도면, 시방서 그리고 SOW 내용을 정확히 이해해야 한다. 그렇지 않으면 요청한 품목을 제대로 구매할 수 없다. 당장 견적요구 단계에서 어떤 내용을 요구할지 몰라서 많은 어려움을 겪게 된다. 구매한 이후에도 사용자 부서에서 요청한 물품과 차이가 있다고 이견을 제시할 수도 있다.

1 도면

1) 도면의 정의

도면 용지 위에 사물의 설계 의도, 크기, 위치, 형태, 치수, 재질 등을 모든 사람이 이해할 수 있도록 정해진 규칙에 따라 선, 문자, 기호를 사용하여 표기한 것이다.

2) 도면의 기능

도면은 설계자가 구상한 내용을 작성하고, 그 내용을 제작자에게 전달하고, 필요할 때 언제든지 사용할 수 있도록 보존하고자 하는 것이다.

① 정보 작성 기능 : 설계자가 구상한 내용을 도면화하고, 그 도면을 바탕으로 더 나은 물체를 설계할 수 있다.

② 정보 전달 기능 : 설계자의 의도를 물체 제작자에게 정확하게 전달할 수 있다.

③ 정보 보존 기능 : 작성한 도면을 보관함이나 컴퓨터에 보관해 두었다가 제품을 수리하거나 비슷한 물건을 설계할 때 사용할 수 있다.

3) 도면의 종류

도면은 사용목적과 내용에 따라 여러 종류가 있다. 구매관리에서는 주로 주문도, 승인도, 견적도를 사용하고, 내용에 따라서는 조립도와 부품도를 이용한다.

(1) 사용목적에 따른 분류

① 계획도scheme drawing : 설계자의 설계 의도와 계획을 나타낸 도면

② 제작도manufacture drawing : 제작자가 실제로 제품을 만들 때 사용하는 도면

③ 주문도drawing for order : 제품 주문서에 첨부되어 제품의 개요를 설명하는 도면

④ 승인도approved drawing : 수주자가 발주자의 검토와 승인을 얻을 때 사용하는 도면

⑤ 견적도estimation drawing : 제품 견적서에 첨부되어 제품의 개요를 설명하는 도면

(2) 내용에 따른 분류

① 조립도assembly drawing : 제품의 전체적인 조립 상태를 나타내는 도면

② 부품도part drawing : 제품을 구성하는 각 부품을 개별적으로 상세하게 그린 도면

③ 공정도process drawing : 제품의 생산과정을 공정 도시 기호로 나타내는 도면

④ 상세도detail drawing : 필요한 부분을 더욱 상세하게 표시한 도면

⑤ 배치도layout drawing : 건물, 기계 등의 설치 위치를 나타내는 도면

⑥ 장치도plant layout drawing : 장치 공업에서 각 장치의 배치와 제조 공정 등을 나타내는 도면

⑦ 전개도development drawing : 입체의 표면을 평면 위에 펼쳐 그린 도면

2 시방서

1) 시방서의 정의

일반적으로 사용재료의 재질·품질·치수와 제조·시공상의 방법과 정도를 나타내며, 제품·공사 등의 성능과 특정한 재료·제조·공법 등을 지정하고, 완성 후의 기술적 및 외관상의 요구와 일반총칙 사항을 나타낸 것이다. 시방서는 도면과 함께 설계의 중요한 부분을 이룬다. 시방서를 사양서仕樣書라고도 한다.

2) 시방서의 종류

시방서의 종류에는 표준시방서, 전문시방서, 공사시방서가 있다.

(1) 표준시방서

표준시방서는 시설물의 안전 및 공사시행의 적정성과 품질 확보 등을 위하여 시설물별로 정한 표준적인 시공기준으로서 발주처 또는 설계 등 용역업자가 공사시방서를 작성하는 경우에 활용하기 위한 시공기준이다.

(2) 전문시방서

전문시방서는 시설물별 표준시방서를 기본으로 모든 공종을 대상으로 하여 특정한 공사의 시공 또는 공사시방서의 작성에 활용하기 위한 종합적인 시공기준을 말한다.

(3) 공사시방서

공사시방서는 표준시방서 및 전문시방서를 기본으로 하여 작성하되, 공사의 특수성·지역 여건·공사방법 등을 고려하여 기본설계 및 실시설계 도면에 구체적으로 표시할 수 없는 내용과 공사수행을 위한 시공방법, 자재의 성능·규격 및 공법, 품질시험 및 검사 등 품질관리, 안전관리, 환경관리 등에 관한 사항을 기술한다.

3) 시방서의 목적
① 기준점의 제시 : 검사, 시험, 품질측정
② 구매사항의 명확화 : Warranty, Maintenance, Support

③ 과다비용의 사전 억제 : AQL 사전제어, AQL 설정, ESI, EPI 참여 레벨

    - AQL : Acceptance Quality Level검사 기준표

    - ESI : Early Supplier Involvement공급자 조기 참여

    - EPI : Early Procurement Involvement구매 조기 참여

3   SOW(Statement of Works, 작업명세서)

1) SOW의 정의

프로젝트 관리 분야에서 서비스를 제공하기 위한 활동, 산출물, 작업시간 등을 포함하는 기술서로, 서비스 수준관리를 위해 서비스 제공자와 사용자 사이에 합의된 협약서인 SLAService Level Agreement, 서비스수준협약의 세부적인 범위와 작업 내용을 규정한 작업명세서다.

2) SOW의 필요성

① 서비스 공급자와 수요자 간의 기대수준 차이에 대한 명확한 규정

② 서비스 제공내역의 계량화 및 정량화

③ WBSWork Breakdown Structure, 작업분류체계 작업의 주요 참고 문서

3) SOW 구성요소

구성요소	설명
일정	작업에 필요한 전체 일정
원가	작업에 필요한 전체원가
품질	서비스 품질을 정의
산출물	작업으로 인한 도출 결과물
작업장	작업이 실시되는 장소
마일스톤	일정상 중요한 경계
고객 요구사항	고객의 요구사항을 기술
고객의 업무	고객이 수행하는 업무 기술
프로젝트팀	작업을 수행하는 프로젝트팀 기술
부가 프로젝트 정보	부가적 참조 필요 정보

출처 : 《구매관리기본》, 한국생산성본부 교재

견적요청 내용과
견적서 취급 시 유의사항

구체적인 견적의뢰는 가격결정 및
업체 선정의 신속화를 가져올 수 있다.

구매관리 프로세스에서 필요한 품목을 발주하기 위해서는 견적을 의뢰하고, 접수한 견적서를 비교하여 공급자를 선정해야 한다. 견적을 제대로 받기 위해서는 견적을 요청할 때 필요한 항목을 정확하고 구체적으로 제시해야 한다. 구체적인 견적의뢰는 견적서 접수 기간을 단축하고, 업체 선정의 신속화를 통해 구매관리 업무 효율화를 가져올 수 있다.

1   견적의 개요

견적은 장래에 있을 거래를 위하여 각종 경비를 포함해 그 가격을 미리 산출하고, 그 내용을 구체적으로 기재한 서류를 말한다. 과거의 경험 및 지식, 장래의 원가 발생에 관한 모든 정보에 기초해서 견적대상부품, 제품, 용역 등의 원가를 현시점에서 계산하고, 합리적인 가격협상의 자료로 활용하는 것이다. 견적서는 쌍방 간에 이해관계가 있기 때문에 거래계약을 할 때는 우선 그 견적에 의거하여 검토한 다음, 쌍방의 합의를 통해서 계약이 성립된다.

2 견적요청의 종류

공급자에게 견적을 요청할 때는 상황에 따라 필요한 내용을 먼저 요청해야 한다. 어떤 공급업체가 구매자의 요구사항에 가장 적합한가를 알아보기 위해서는 RFIRequest for Information, 정보요청서를 요청한다. 정보요청서는 구매에 필요한 여러 가지 정보 즉 가격, 품질, 납기, 시장, 업체 현황 등을 알아내는 활동을 의미한다.

정확한 견적 요청을 위하여 사양이나 절차가 필요한 경우에는 RFPRequest for Proposal, 제안요청서를 요청한다. 제안요청서는 구매업체가 필요로 하는 기술자료, 공급계획, 개발일정 등을 요청하는 문서를 말한다.

구매담당자는 정보요청서와 제안요청서를 통해 공급이 가능하다고 판단된 업체에 RFQRequest for Quotation, 견적요청서 제출을 요청한다.

설비나 공사 등의 경우에 기술적 사양이 우선될 경우는 2단계로 나누어 진행한다. 첫 단계로는 기술적 사양을 요청하여 검토한다. 두 번째로 기술적 사양이 가능한 공급자에 한해서 가격을 요청한다. 기술적 사양의 검토와 판단은 주로 사용자 부서에서 실시하고 완료된 공급자에 대해서 구매관리 부서가 가격을 요청하고 검토하여 업체를 선정한다.

RFI(정보요청서)	구매에 필요한 여러 가지 정보를 요청 (가격, 품질, 납기, 시장, 업체 현황 등)
RFP(제안요청서)	필요한 기술자료, 공급계획, 개발일정 등을 요청
RFQ(견적요청서)	가격, 납기, 납품조건 등을 요청
Two step bidding (2단계 입찰)	1단계 – 가격은 포함하지 않고 기술 제안 접수 2단계 – 기술 제안을 통과한 공급자들에게 가격 접수

3 견적의뢰 내용

견적의 정확한 검토를 위해서 선행되어야 하는 두 가지는 '견적의뢰자가 필요한 정보를 정확하게 전달하는 것'과 '견적작성자가 필요한 정보를 최대한 전달하는 것'이다. 견적을 의뢰할 때 관련된 내용이 구체적이고 정확하게 포함되어야 한다. 그렇지 않으면 견적의뢰를 한 이후에 공급자로부터 추가적인 질문이나 요청을 받게 된다.

구체적인 견적의뢰 항목은 견적작성자가 필요한 내용을 제시함으로써 품질 및 거래조건 등으로 발생하는 문제를 사전에 방지하고, 상호 간에 효율적인 커뮤니케이션을 통해 원가절감의 돌파구 발견에 도움이 된다.

견적의뢰에 포함되어야 할 주요항목은 다음과 같다.

① 구입·외주품의 사양　　② 발주 LOT 수

③ 납입 LOT 수　　　　　④ 납입방법

⑤ 납기　　　　　　　　⑥ 납입하자

⑦ 지불조건　　　　　　⑧ 납품장소

⑨ 검사방법　　　　　　⑩ 견적서의 제출시기

⑪ 용도　　　　　　　　⑫ 향후 발주 예정

⑬ 희망가격

향후 발주 예정이 있다면 제시하는 것이 가격결정에 도움이 된다. 희망가격은 구입하려는 품목에 대한 가격정보를 정확히 알고 있다면 제시하는 것이 유리하나, 정확하지 않을 경우에 오히려 불리할 수 있다.

4　견적서 접수 및 검토

일반적으로 견적서 접수는 복수 견적을 원칙으로 한다. 구입금액의 규모가 크거나 특별한 경우는 2개사 이상을 요청하기도 한다. 그러나 모든 품목에 대해 복수 견적을 받기 어려우며, 특정한 품목은 단일 견적을 받을 수밖에 없다. 구매관리 규정에 단일 견적을 받아야 하는 경우를 명기하여 혼란을 방지하도록 한다. 일반적으로 단일 견적을 받는 경우는 다음과 같다.

① 특허품, 실용신안 등
② 기술 또는 설비 특성에 있어서 적합한 경쟁자가 없는 경우
③ 고객이 지정한 업체인 경우
④ 협정단가 계약이 되어 있는 경우
⑤ 긴급자재인 경우
⑥ 소액으로서 적합한 경쟁자가 없는 경우

기술 또는 설비 특성에 있어서 적합한 경쟁자가 없는 경우나 긴급 자재인 경우에는 사용자 부서가 구매요청서에 타당한 이유를 제시하도록 하고 결재권자를 부서장이나 임원으로 제한해야 한다. 소액의 경우는 기업의 상황에 따라 한도 금액을 정할 수 있다.

5 견적서 취급 시 유의사항

견적서 취급은 구매관리 부서의 공정성에 대한 신뢰와 관계가 있으므로 매우 중요하다. 취급하는 과정에서 다음 사항을 유의할 필요가 있다.

① 공정한 업무 처리에 대한 윤리의식이 필요하다.

② 최종 견적에서 탈락한 공급업체에 부적합 사유를 알려주는 공식 입장 표명이 필요하다.

③ 경쟁입찰 시 충분한 시간을 제공한다.

④ 마감일을 임의로 연장하지 않는다.

⑤ 모든 업체에 동등한 기회를 준다.

⑥ 특정 업체에 특혜를 주면 안 된다_{예 : 마감일 지난 후 견적 입수}.

⑦ 견적 작업이 취소되었을 때 즉각적으로 모든 업체에 통보하여 불필요한 비용이 발생하지 않도록 한다.

견적서 취급에 대한 공정성의 신뢰를 받기 위해서는 견적서를 메일보다는 ERP 등 시스템을 이용하여 접수해야 한다. 예를 들면 지정된 시간 이전에는 접수된 견적서를 누구도 볼 수 없으며, 마감 시간 이후에는 견적서 제출이 불가능하도록 시스템을 활용해야 한다.

발주서의 개요와
작성 시 주의사항

구매발주서는 구매의 끝이 아닌 시작이다.

구매관리에서 발주서는 두 가지의 의미가 있다. 하나는 공급자와 계약을 체결하고 발주함으로써 오랜 협상을 마무리하는 의미가 있다. 다른 의미는 구매관리가 시작됨을 나타내는 것이다. 발주를 했다고 해서 모든 것이 끝난 것이 아니라, 구매 진행상황의 변화를 주시하여 이상 발생 또는 조짐이 예상되면 적절한 조치를 통해 문제 발생을 사전에 방지해야 한다.

1 발주서의 개요

발주서란 필요한 자재의 품명, 규격, 수량, 단가, 금액 등의 내용과 납품장소, 납기일, 인도조건, 결제조건, 검수방법 등을 기재하여 공급업체에 보내는 문서다. 발주서의 양식은 회사별로 업무의 종류와 형태에 따라 다양하게 사용하고 있다.

공급자와 지속적·반복적 거래를 하는 경우에는 기본거래계약서를 체결하고, 그 이후는 발주서를 이용하여 거래한다. 간헐적으로 구매하는 경우에는 별도의 계약서를 작성하지 않고 발주서만으로 거래를 한다. 이 경우에도 법적 효력을 위해서 발주서에 대한 동의나 승낙을 받는 절차가 필요하다. 최근에는 ERP나 전산시스템을 활용하여 승낙을 받도록 시스템화하고 있다.

2 발주서의 내용

발주서에는 간단한 발주 목적물과 관련된 사항이 기재되며, 발주와 관련된 세부 내용은 통상 별도의 약관이나 계약서를 체결하여 최초 계약 시에 첨부하도록 하는 것이 분쟁의 소지를 줄이는 방법의 하나다. 발주서에 기재될 사항으로는 다음과 같은 항목이 있다.

① 발주자 기본정보주소/연락처/대표자 또는 대리인

② 공급자 기본정보주소/연락처/대표자 또는 대리인

③ 발주 목적물품목/사양/수량/단가/금액

④ 납기일   ⑤ 납품장소

⑥ 인도조건   ⑦ 포장

⑧ 검사   ⑨ 지체상금

그러나 사전에 기본거래계약서 등이 체결되어 있다면 통상 계약서에 위의 항목 가운데 납품장소, 인도조건, 포장, 검사, 지체상금 등은 포함된다. 따라서 발주서에는 발주자 기본정보, 공급자 기본정보, 발주 목적물, 납기일 등의 기본적인 항목을 기재하면 된다.

3 발주서 사후관리

신규협력업체 선정평가 절차를 거쳐서 업체를 선정하고, 발주서를 작성하여 공급업체에 발송하기까지 많은 시간과 노력이 필요하다. 그러나 발주서 발송 이후의 관리는 매우 중요하다. 공급자에게 발주서의 접수를 확인하고 요청 내용대로 대응할 수 있는지를 확인해야 한다. 발주서 내용에 추가적인 협의 사항이 있으면 즉시 관련 부서를 포함하여 협의해야 한다. 납기일정은 최소한 1~2일 이상 여유 있게 잡아서 진행해야 한다.

4 발주서 작성 시 주의사항

발주서는 계약서의 일종으로 후일 분쟁 등이 발생할 경우 중요한 증빙자료로 활용될 수 있으므로 사실에 근거하여 명확하게 작성해야 한다. 거래관계 문서는 금전 문제와 직결되므로 문구 하나마다 신중을 기하고 명확하게 작성하여야 한다. 특히 오자나 탈자가 없도록 주의하여 기재해야 하며, 금액의 기재 등에는 날인을 하는 등의 조치로 명확히 하여 둘 필요가 있다.

발주서에 수량을 잘못 기재한다거나 제품의 가격이나 납기일 또는 기타 중요 사항을 잘못 기재한 경우 중대한 문제가 발생하여 돌이킬 수 없는 손실을 야기할 수도 있다. 이를 방지하고 예방하기 위해서는 세심한 배려와 확인이 필요하다.

1) 간결하고 명확하게 작성한다.

거래관계 문서는 기업 상호 간의 거래내역 등에 관한 사항을 작성하는 것이므로 간결하고 명확하게 작성해야 한다. 즉, 언제, 무엇을, 어떻게 하여주기를 바란다는 형태로 거래내용에 따른 요점을 간략하게 기재하면 된다.

2) 의사표현을 정확하고 확실하게 해야 한다.

거래관계 문서는 그 의사표현을 확실하게 해야 한다. 즉, '갑'이 '을'에게 20○○년 ○○월 ○○일까지 ○○물품 ○개를 ○○장소에 납품하여 주기를 원할 경우, 을은 그 지정일자와 장소에 원하는 물품을 납품하여 주겠다는 표현이나 지정일자까지 ○○의 이유로 납품을 할 수 없으니 ○○월 ○○일까지 연기해 주기를 바란다는 의사를 명확하게 표현해야 이로 인한 부작용을 예방할 수 있다.

3) 작업일정 등을 고려하여 작성한다.

작업의뢰와 주문 등 생산이나 작업에 관한 거래문서는 작업능력이나 진행 정도 등 제반 사항을 참작하여 신중하게 발주서를 작성해야 한다. 이는 서로 간의 신뢰와 회사이익에 직결되는 문제다.

4) 금전관계는 신중하고 명확하게 작성해야 한다.

거래관계 문서는 금전관계와 직결되는 경우가 대부분이다. 금전관계는 회사에서 중요한 사항이므로 가장 신중하게 고려할 문제다. 즉, 회사의 이익창출을 위해 어느 정도 가격에서 구입할 것인가를 신중하게 고려하고 그에 맞는 가격으로 발주서를 작성해야 한다.

5) 철저한 확인 및 점검을 실시한다.

이상과 같은 제반 사정을 고려하여 목적과 내용 및 날짜와 금액 등에 관한 사항이 누락되거나 잘못된 부분이 없는지를 확인하고 자사의 작업진행 등에 이상 여부를 점검 확인한 후 문서를 작성하고 오탈자 여부를 확인하여 수정·보완한 후 발송해야 한다.

4장

구매원가의 개념과 원가관리 기초

구매관리 업무 가운데 가장 중요한 업무가 원가관리다. 왜냐하면 경영의 관점에서 본

다면 구매관리 부분이 기여해야 할 역할이 원가절감이기 때문이다.

원가관리의 중요성
원가관리가 왜 그렇게 중요한가?

1 원가관리는 기업의 이익확보 방법이다.

내가 구매를 처음 시작했던 시절에는 구매관리 부서에서 원가 관리가 그렇게 중요하지 않았다. 그때는 수요가 공급을 초과했던 시절이었다. 사실 수요가 공급을 초과하던 시절에는 제품가격 결정권이 공급자에게 있었기 때문에 원가관리를 논할 필요가 없었다. 기업들은 제품생산에 소요된 원가에 일정한 마진을 더하는 방식으로 제품가격을 정하면 되었기 때문이다.

그러나 가격경쟁이 치열한 현재의 상황은 실적원가에 따라 가격을 결정하는 기존 방식이 통하지 않게 되었다. 치열한 경영환경하에서 생존하기 위해서는 좋은 품질과 저렴한 가격을 제시해야 하기 때문에, 원가관리는 기업이 성장하고 존속하기 위한 중요한 수단이 되었다.

2 원가관리의 필요성

제품을 만드는 환경은 점점 힘들어지고 있다. 예전처럼 기능과 성능을 가지고 이익을 실현하기가 쉽지 않다. 건설 프로젝트를 예로 든다면, 과거에는 건설 프로젝트 목적물의 중요 요소가 기능과 구조, 아름다움이었다. 그러나 지금은 시간과 품질과 그리고 비용이라 할 수 있는데, 비용은 물론이고 시간과 품질 모두 원가와 직접적인 관련이 있어 가장 중요한 요소다.

| 원가관리의 필요성

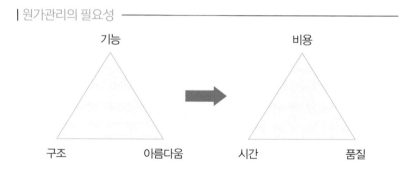

일방적인 비용절감이나 인원의 감원 등으로 원가를 낮추는 것은 한계가 있을 수밖에 없다. 이제는 단순한 원가관리를 넘어서 철저하게 원가절감을 추진해야 한다. 원가관리와 원가절감의 내용을 정리하면 다음과 같다.

원가관리	원가절감
• 설정된 표준의 유지	• 원가를 계속 인하
• 원가표준은 목표원가	• 원가표준은 검토 대상
• 과거와 현재에 중점	• 현재와 미래에 중점
• 표준설정범위 내 전개	• 모든 부서에서 전개
• 현재조건에서 최저원가	• 조건변화에 따라 원가 인하
• 관리하려는 마음가짐	• 원가의식 필요

3 구매원가 절감의 방향성

1) 구매원가 분석을 통한 개선방향을 도출한다.

먼저 원가교육 등을 통하여 원가관리 및 절감에 대한 사전 준비를 해야 한다. 표준원가 관리시스템을 구축하고, 동종업계의 원가절감 활동을 벤치마킹한다. 이를 통해서 중점개선 방향성을 파악한다.

2) 개선활동으로 원가경쟁력을 확보한다.

① 직접원가와 변동비를 중심으로 개선활동을 실시한다.

　- 원가의 비중이 높은 재료비의 수율 향상을 추진하고, 가공비 절감을 위하여 공정 수를 줄이고, 작업시간을 단축하고 공정의 개선활동을 통해 작업인원을 줄인다.

② 개선안을 도출하고 적용한다.

　- 주요 협력업체별 낭비요소를 파악하고, 업체별/품목별 원가 개선과제를 선정한다. 목표 달성 시 재무적인 효과를 파

악하고, 이를 위해 협력업체의 현장 개선을 적극적으로 지도하고 지원한다.

3) 목표 수립을 통한 추가 개선을 추진한다.

원가절감을 위한 개선활동의 사후관리를 통해 목표 미달성 품목에 대해 추가 개선활동을 추진한다. 또한 단계별로 확산하거나 횡적 전개활동을 실시한다. 이러한 개선활동을 통해 협력업체의 경쟁력 향상을 도모한다.

4) 원가기획 활동을 강화한다.

원가가 결정되는 시점은 제품생산 단계가 아닌 제품기획 단계라는 점에서 원가기획의 중요성에 대한 인식이 확산되면서 최근 들어 활발히 적용되고 있다. 원가기획이란 한마디로 시장상황에 따라 제품가격을 사전에 결정하고, 기업이 목표로 하는 이익을 낼 수 있도록 원가를 설정한 뒤 이를 달성하기 위한 여러 가지 관리 방법을 동원하는 것을 말한다.

원가의 정의와 구성요소

구매원가는 무엇을 의미하며 어떻게 구성되나?

구매관리 업무 가운데 가장 중요한 업무가 원가관리다. 왜냐하면 경영의 관점에서 본다면 구매관리 부분이 기여해야 할 역할이 원가절감이기 때문이다. 그런데도 구매관리 업무를 시작하기 전에 원가에 대한 충분한 지식을 갖추지 못했기 때문에 원가절감은 구매관리 담당자들에게 어렵고 부담스러운 업무다.

원가란 무엇을 의미하며, 원가의 구성요소는 어떻게 구성되어 있는지를 알아보고자 한다.

1 원가의 정의

어떤 제품을 만들기 위해서는 반드시 비용이 발생할 수밖에 없는데, 이때 발생한 비용이 원가다. 또 다른 개념으로는 제품이나 서

비스를 생산하기 위해 소비되었거나 소비되는 경제적 가치를 금액
으로 표시한 것이다. 이것을 정리하면

① 원가는 소비된 경제 가치를 표시한 것이다.
② 원가는 생산/판매 활동에 직접 관련된 비용이다.
③ 원가는 정상적인 소비액이다.

구매원가는 이 비용을 구입하는 단위로 환산한 것이다. 예를 들면
1개당, 1kg당의 경제적 가치를 나타낸다.

2 원가의 구성요소

원가의 구성은 구매업무에 따라 차이가 있다. 제조구매 측면에
서 원가는 제조원가, 판매 및 일반관리비, 이윤으로 구성된다. 따라
서 우리가 구입하는 구매단가는 제조원가에 판매 및 일반관리비와
이윤을 더한 것이다.

판매단가(구매단가) = 제조원가 + 판매 및 일반관리비 + 이윤

제조원가는 재료비, 노무비, 제조경비를 합한 것이다. 제조원가에
판매 및 일반관리비를 더하면 총원가가 된다. 총원가에 이윤을 더

하면 판매단가, 즉 구매단가가 된다.

| 제조구매 원가의 구성도 ————————————————————

재료비		노무비		제조경비		판매 및 일반 관리비	이윤
직접 재료비	간접 재료비	직접 노무비	간접 노무비	직접경비	간접경비		
제조원가							
총원가							
판매단가(구매단가)							

비품, 소모품, 사무용품 등을 구매하는 일반구매에서는 매입가격, 영업비, 이익으로 구성된다. 생산자로부터 매입한 가격에 영업비와 이익을 더한 가격이다. 생산자로부터 직접 구입하는 것이 아니고 대리점이나 인터넷 등에서 구매하기 때문에 제조원가의 구성

| 일반구매 원가의 구성도 ————————————————————

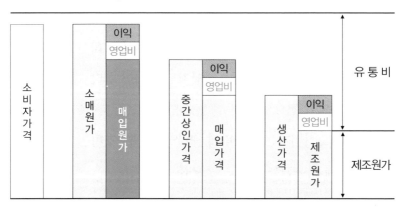

을 알 수가 없다.

3 제조원가의 구성요소

제조원가는 재료비, 노무비, 제조경비로 구성되어 있으며, 이것을 제조원가의 3요소라고 한다.

① 재료비는 제품의 제조에 소요되는 재료의 소비액을 말한다.
② 노무비는 제조에 소요되는 노동력에 지급하는 임금, 상여금 등을 말한다.
③ 제조경비는 제조원가에서 재료비와 노무비를 제외한 비용이다.

예를 들면 자동차 1대를 만들기 위해서는 우선 공장토지 + 건물이 있어야 하고, 로봇을 비롯한 각종 설비가 필요하다. 보디몸체를 만들기 위해서는 철판, 페인트 등이 있어야 한다. 자동차를 완성하기 위해서는 도어, 타이어를 비롯한 다양한 부품 등이 필요하다. 프레스, 도장, 조립작업을 하기 위해서는 작업자도 있어야 한다.

제조원가의 관점으로 보면 철판, 페인트, 도어, 타이어 등이 재료비에 속하고, 작업자는 노무비에 해당한다. 제조경비는 공장, 건물, 설비와 이에 사용되는 전기료, 소모품 등이다.

이를 산출식으로 나타내면 다음과 같다.

재료비(₩/EA) = (재료소요량×재료단가) - (SCRAP 중량 × 회수율×

SCRAP 단가) +폐기처리비용

노무비(₩/EA) =작업시간(M/Hr) × 시간당 임율(₩/Hr)

제조경비(₩/EA) =작업시간(Mc/Hr) × 시간당 경비율(₩/Hr)

판매 및 일반관리비는 기업이 판매와 일반관리를 위해 지출한 비용으로 기업별로 차이가 크다. 개별기업의 실적을 반영하여 계산할 경우 기업 간 형평성에 문제가 있어 표준비율을 설정하여 일정 비율로 부가한다. 제조원가 보상법을 적용하면 다음과 같다.

판매 및 일반관리비 =제조원가 × 표준비율(%)

이윤은 기업에서 정상적인 영업활동을 통해 획득되는 적정 이윤 개념으로 금융비용 공제 전의 이윤인 영업이익을 말한다.

이윤 = (제조원가 + 판매 및 일반관리비) × 표준비율(%)

표준비율은 업종에 따라 다르며, 발주기업에서 견적서 작성 요청 시에 기준을 제시하기도 한다.

원가의 분류

직접비와 간접비 그리고 변동비와 고정비는 어떻게 다른가?

원가관리를 하면서 필수적으로 이해해야 하는 개념 가운데 하나가 직접비와 간접비 그리고 변동비와 고정비다. 원가는 그 사용목적에 따라 다양하게 분류할 수 있다. 즉 특정원가는 어느 한 가지로만 구분되는 것이 아니라 의사결정 목적에 따라 동시에 여러 가지로 분류할 수 있다.

가장 많이 사용하는 원가의 분류는 원가요소에 따른 분류로 재료비, 노무비, 경비가 있다. 추적 가능성에 따라 직접비와 간접비로 분류하고, 조업도와의 비례관계에 따라 변동비와 고정비로 분류된다. 또한 제품과의 연관성에 따른 분류로 제품원가와 기간원가가 있다.

1 원가의 추적 가능성에 의한 분류인 직접비와 간접비

직접비와 간접비는 투입된 원가를 역으로 추적해 나갈 수 있느냐 없느냐에 따라 분류하는 방식이다. 특정제품의 제조를 위해서만 사용하기 때문에 언제든지 추적할 수 있으면 직접비다. 여러 제품에 공통으로 사용되어 특정제품에 직접 포함시킬 수 없는 경우는 간접비로 분류한다.

1) 직접비

어떤 원가가 특정원가 대상에 직접적으로 부과하거나 직접적으로 추적할 수 있는 경우를 말한다. 특정제품의 제조에만 사용되어 원가 집계 시에 개별적으로 추정이 가능한 원가다. 대표적으로 직접재료비, 직접노무비, 직접경비가 있다. 예를 들면 자동차의 재료비에 해당하는 타이어는 어떤 모델에 몇 개가 사용되었는지 쉽게 추적할 수 있기 때문에 직접재료비에 해당된다.

2) 간접비

여러 제품 제조를 위하여 공통적으로 발생한 원가로서 특정제품에 직접 부과할 수 없는 원가이다. 따라서 간접비는 일정 기간에 발생한 총액을 특정 배부기준을 가지고 제품에 배분해야 한다. 간접재료비, 간접노무비, 간접경비가 해당된다. 간접재료비의 예로는 윤

활유, 접착제, 옷의 실 등이 있다. 제조 현장에서 많이 사용하고 있는 접착제는 소모되었을 때 어느 제품에 사용되었는지 추적이 불가능하기 때문에 간접비로 분류한다.

2 조업도와 비례관계에 의한 분류인 고정비와 변동비

고정비와 변동비는 조업도 수준에 따라 변동 여부로 분류한다. 조업도란 기업의 경영활동 수준을 나타내는 것으로 생산량, 판매량, 매출액 또는 작업시간 등으로 나타낸다. 조업도 증감에 따라 변동이 발생하면 변동비, 조업도의 증감과는 관계없이 일정하면 고정비다. 제조업에서는 주로 조업도의 기준을 생산량으로 간주한다.

1) 고정비

생산량의 증감에 관계없이 변하지 않는 원가로서 감가상각비, 임차료, 보험료 등이 해당된다. 제조 현장의 생산용 설비가 가장 대표적인 고정비로서 생산량과 관계없이 일정한 비용이 지출되기 때문

| 고정비와 조업도의 관계

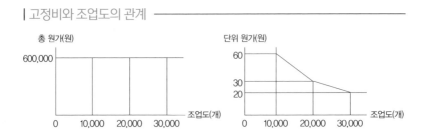

에 감가상각비로 처리한다. 고정비는 조업도가 증가하면 단위당 원가는 감소하고, 조업도가 감소하면 단위당 원가는 증가한다.

준고정원가는 어느 범위의 생산량 변화에서는 변동 없이 일정한 금액으로 고정되어 있으나, 이것을 넘으면 일정액만큼 증가 또는 감소하는 원가로서 생산량을 증가시키기 위하여 구입한 생산설비, 생산감독자 급여 등이 있다.

2) 변동비

생산량의 증감에 비례해 증감하는 원가로서 재료비, 외주가공비, 직접인건비 등이 있다. 대표적인 변동비인 재료비는 생산량이 많아지면 많이 사용하게 되고, 생산량이 줄어들면 적게 사용하게 된다.

그러나 제품 하나에 소요되는 재료량은 일정하기 때문에 단위당 변동비는 조업도와 관계없이 일정하다. 준변동비는 고정비와 변동비가 복합되어 있는 원가로 고정비기본요금 + 변동비사용량로 구성되어 있다. 전기료, 수도료, 가스료 등이 해당된다.

| 변동비와 조업도의 관계

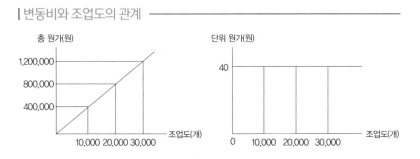

3 제품과의 연관성에 따른 분류인 제품원가와 기간 원가

제품원가는 제품에 귀속되는 비용, 즉 제품에 추적 가능하고 재고자산의 일부인 원가다. 반대로 기간원가는 제품 비용과 정반대 이며 생산과 관련이 없기 때문에 발생하는 기간에 대해 청구되므로 제품에 할당할 수 없다.

1) 제품원가

제품을 제조하는 과정에 소요되는 모든 원가를 의미하며, 이는 직 접재료비, 직접노무비, 제조간접비로 구분된다. 제품원가는 제품이 판매되기 전까지는 재고자산_{재공품, 제품 등}으로 제품원가에 포함되었 다가 판매가 이루어지면 판매된 기간에 매출원가로 손익계산서에 보고되는 속성이 있다.

2) 기간원가

제조기능과는 관계없이 시간의 경과와 관련하여 발생하는 비용 으로 특정제품의 구입 또는 생산에 연관시킬 수 없는 원가다. 판매 와 관리활동을 위해 사용되는 판매원의 급여, 광고비 등이 기간원 가에 해당된다. 판매 및 일반관리비에 금액이 측정되어 비용항목으 로 손익계산서에 보고되는 속성이 있다.

가격을 결정하는 6가지 기법

가격을 결정할 때 어떤 기법을 적용하면 좋을까?

구매관리 담당자들이 업무를 하면서 가장 잘하고 싶은 업무 중 하나가 원가관리이지만, 그런데도 가장 잘 안 되고 어려운 업무가 가격을 결정하는 업무다. 구매관리를 하면서 상사나 관련 부서로부터 가장 많이 듣는 이야기 가운데 하나가 가격을 더 낮출 수 있는 방법을 찾아보라는 것이다.

공급자와 여러 차례 밀고 당긴 끝에 가격을 결정했음에도 혹시 더 낮출 수 있지 않았을까 하는 아쉬움이 늘 남는 일 또한 가격을 결정하는 일이다. 가격결정은 구매관리 업무에서 가장 어려운 일이자, 하지 않으면 안 되는 중요한 업무이다.

가격을 결정하는 여섯 가지 방법을 이해하고 장·단점을 알아보고자 한다.

1 견적비교법

견적비교법은 2개사 이상의 공급자로부터 견적을 받아서 비교 검토하여, 가장 유리한 조건을 제시해 온 공급자의 가격을 기준으로 구입가격을 결정하는 기법이다.

장점은 가격산출 절차가 비교적 간단하여 쉽게 활용할 수 있으며, 견적서 중에서 가장 낮은 것을 조합하여 경제적인 가치를 산출할 수 있다. 또한 경제가 불황일 때는 싼 견적가격을 얻을 수 있다.

단점으로는 제시된 견적가격을 기준으로 결정할 수밖에 없으므로, 공급자를 잘못 선정하면 비싼 수준으로 결정할 수 있다. 특히 동일 복수 거래선으로부터 지속해서 견적을 받는 경우에는 담합의 위험성이 크다. 또한 견적서를 받는 데 많은 시간이 걸리기도 하며 호황 시에는 비싸게 살 위험성이 있다.

견적비교법은 가격산정의 기준이 없는 경우나 사양이 복잡하고 특수한 전문기술이나 설비를 구입하는 경우에 적용한다. 견적비교법 적용 시 주의해야 할 사항은 견적을 반복해서 동일한 업체로부터 받지 말고, 새로운 거래선을 발굴하여 견적서 접수의 폭을 넓혀야 한다. 향후 안정적인 공급을 위하여 기술과 품질수준이 일정 수준에 있고, 서비스가 좋은 공급자를 찾아야 한다.

2 과거실적법(전례비교법)

과거실적법은 과거의 구입가격의 실적을 시계열적, 품목별로 발주량 등을 명기하여 정리, 기록해 두었다가 이것을 기준으로 동일품의 단가를 산출하는 방법이다.

장점은 실적이 기준이 되므로 산출이 비교적 간단하며, 설득력이 있다는 것이다. 단점으로는 과거실적과 비교하는 방식이므로 가격에 대한 의문을 품지 않는다. 새로운 시장을 잘 모르기 때문에 과거에 비싸게 샀다면 계속해서 비싼 상태로 구입하게 된다. 그래서 실적이 오래된 것이나 LOT 차이가 큰 경우에는 적용하기가 어렵다.

적용 시 주의해야 할 점은 과거실적이 결정된 배경과 결과를 확인하여, 당시의 비용 수준을 확인해야 한다.

3 유사품비교법(횡적비교법)

유사품비교법은 구입하려는 품목과 과거의 구입했던 실적 중에서 유사한 품목의 원가를 기준으로 어느 점이 다른가를 비교하여 가격의 변동요인을 파악하고, 그 가격을 조사해서 구입하려는 품목의 가격을 산출하는 방법이다.

장점은 유사품, 공통품과 비교하여 비교적 신속하게 가격산출이 가능하며, 유사품, 공통품의 실적이 풍부한 경우에는 운용범위가

넓고 편리하다.

단점으로는 정확한 비용이 산출되지 않은 추정치이며, 유사품 이외의 비용을 산정하는 것이 매우 어렵다.

유사품비교법은 실적이 있는 유사품으로 변동요소를 파악할 수 있는 것에 적용할 수 있으며, 실적이 있는 기존품의 가격산정이 적정해야 한다.

4 타케트법

타케트법은 대상제품의 판매가격 또는 수주가격 등에서 역산하여 그 제품을 구성하고 있는 유닛별로 구성 비율_{중요비, 면적비, 체적비,} _{금액비, 기타} 등을 기준으로 구입예정가격을 산정하는 방법이다.

장점은 목표가격이 제시되기 때문에 부문 단위의 가격산출이 간단하며, 구매관리 담당자가 목표가격을 달성하려는 도전 자세를 갖게 된다.

단점으로는 판매 또는 수주가격에 의해 예정가격이 변동될 수 있다. 설정된 타케트 가격으로 구입하기 위한 시장조사에 비용이 수반되고, 공급자를 찾는 데 많은 시간이 걸릴 수 있다. 반대로 역산 범위에 여유가 있을 경우는 안이하게 고가로 구입할 수 있다.

타케트법을 적용하기 위해서는 기술 부문 등의 협력에 의해 사양이나 공법의 개선, 대체 안의 개발 등 내부 협력체계의 확립이 필요하다.

5 PCS법

PCS<small>Purchasing Cost Standard</small> 법은 구매자가 이론적, 과학적으로 작성한 표준 수준에 근거하여 비용 가치를 추구하며 구입원가를 산정하는 방법이다. 이렇게 정리된 표준원가를 코스트 테이블이라고도 한다.

장점은 가장 이상적인 구입가격을 사전에 산출할 수 있으며, 경쟁력 있는 적정원가를 산출할 수 있다. 또한 구매 부문이 가격산정의 공통 표준척도를 설정하므로 가격산정 오차를 없앨 수 있다. 또한 원가산정이 이론적·과학적으로 구성되어 있으므로 신뢰성 및 설득력을 갖고 공급자와 협상할 수 있다.

어려운 점은 구입원가 기준을 작성하기 위해 많은 시간과 비용이 들며, 매년 구입원가 기준의 정비<small>개정</small>가 필요하다. PCS 기법은 자사의 도면이나 사양에 의한 제품이나 부품의 가격결정에 적용할 수 있으며, 이를 위해서는 PCS 이론의 도입과 적용에 따른 원가 관련 전담조직과 사전 교육이 선행되어야 한다.

6 시장가격법

시장가격법은 일반 시장에서 구입할 수 있는 원자재, 규격품 등의 시장가격을 베이스로 산출하는 방법이다.

장점은 시판 기준품, 규격품에 관한 가격정보를 물가정보 등에서 쉽게 얻을 수 있다. 그러나 실제 구입가격은 물가정보나 공판가격표 사이에 시간적 가격 격차가 상당히 있고, 지역차, 구입 LOT, 구입방법_{계속, 일시 등}, 납입형태, 지불조건, 거래기간 등에 의해 달라질 수 있다.

이 방법을 적용하기 위해서는 시장가격 정보망의 정비와 지역성의 파악과 거래환율과 물가지수의 동향 파악이 수반되어야 한다.

이상에서 살펴본 가격결정 방법 가운데 어느 방법이 가장 바람직하다고 섣불리 결정할 수는 없다. 가격결정 방법은 업종과 회사의 규모에 따라 달라진다. 또한 구매조직과 원가관리팀의 역할에 따라 다양한 형태를 보이고 있다.

그럼에도 기업에서 가장 많이 사용하고 있는 가격결정 기법은 견적비교법이다. 많은 회사가 PCS법을 적용해보고 싶어 하지만, 이를 위해서는 원가 전담조직에서 품목별, 공정별로 설비, 재료, 공수 등의 표준원가의 기준 설정이 필요하다. 일반적으로는 제조구매에서는 견적비교법, 유사품비교법, PCS법을 사용하고, 일반구매에서는

견적비교법, 과거실적법, 시장가격법을 주로 사용한다. 서비스구매
는 견적비교법, 타케트법을 많이 사용하고 있으며, 최근에는 가격
경쟁력을 확보하기 위하여 입찰을 많이 적용하는 추세다.

구매원가 요소별 계산방법의 이해

재료비, 노무비, 제조경비는 어떻게 계산하나?

구매관리 업무에서 원가관리 업무가 차지하는 비중은 매우 높다. 그런데도 원가를 구체적으로 계산하는 것은 생각만큼 쉽지 않다. 견적비교법을 주로 사용하는 구매관리 담당자들은 재료비, 노무비, 제조경비 등 원가요소별로 계산해 본 경험이 많지 않다. 재료비, 노무비, 제조경비의 계산방법과 판매 및 일반관리비, 재료관리비, 이윤의 계산방법을 알아보자.

1 재료비 계산

재료비는 직접재료비, 간접재료비, 부분품비외주구입 부품비로 구분할 수 있다. 직접재료비 계산은 재료의 원 단위 산출을 위한 소요량 계산과 단위당 가격 적용 방법이 중요하고, 간접재료비는 배부

기준 선정이 중요하다.

1) 직접재료비 계산

직접재료비는 재료의 원 단위에 단위당 가격을 곱하여 계산한다. 스크랩 등의 매각 가치 순 실현가액으로 환산하여 차감하고, 제품 생산 시에 폐기물이 발생하면 이를 추가하여 반영한다. 직접재료비의 소요량 산출은 원재료의 종류, 규격, 설계도, 결산서 및 관련 부속서류 등을 검토하여 산정한다. 원재료로부터 조립 가공에 이르는 전 공정을 거쳐 완제품을 생산하는 경우에 한해 적용한다.

(1) 재료비 수율 반영

재료소요량 산출은 공학적 지식 등 전문성이 요구되는 경우가 많아 전문가 등의 도움을 받아야 하는 사례가 많고, 정상적인 손실률과 불량률도 인정한다. 투입 재료비란 일정한 단위의 제품을 생산하는데 소요되는 정미 제품 중량_{소요량}에 가공 여유량을 더한 물량이다.

(2) 재료비 단가의 결정

과거의 구입단가, 현재의 시장단가 및 미래의 시장동향을 고려하여 기준단가를 적용한다. 거래명세표, 세금계산서, 자재 수불 대장 등의 자료를 통해 구입단가를 확인하여 적용한다.

(3) 재료비 계산

재료비 = 투입 재료비 − 스크랩 처리비 + 폐기물 처리비

투입 재료비 = 정미 소요량 × (1 + 생산 여유율) × 재료비 단가

스크랩 처리비 = (투입 재료량 − 정미 제품량) × 스크랩 매각 단가 × 스크

랩 회수율

정미소요량은 도면에서 제시한 정미소요량_{정미중량}이며, 여유율_여유량은 가공상 발생되는 제반 손실 중량 및 소요량이다.

2) 수입 재료비 계산

(1) 수입 재료비 개요

수입품이란 외국으로부터 도입하는 완제품·원자재·부분품 등을 통칭하는 것으로서, 국내 생산품 구입에 비해 부대비용이나 제 세금이 부가된다. 여기에 창고 보험료, 수입 추천 수수료, 입항료, 부두 사용료 등을 포함한다.

(2) 수입 재료비 계산

수입 재료비는 도입 가격 통화 원화에 해당 통화의 기준 환율과 수입 유형별 수입 부대 비율을 반영하여 계산한다.

수입 재료 단가 = 수입 단가 × 환율 × (1 + 수입 부대 비율)

(3) 수입 부대 비율의 구성

수입 부대비용은 신용장개설수수료, 통관료, 보세 창고료, 하역료, 국내 운반비와 관세가 있다. 수입 부대비용은 수입품의 구입조건에 따라 구성 내용이 달라진다.

2 노무비 계산

1) 노무비 계산 기준

노무비는 제품별로 직접 계산하는 직접노무비와 일정률을 곱하여 계산하는 간접노무비로 구분한다. 직접노무비는 제조 현장에서 제조를 완성하기 위하여 직접 작업에 종사하는 종업원들이 제공하는 노동력의 대가다. 제조공정별로 작업인원, 작업시간, 제조수량을 기준으로 제조에 소요되는 노무량_{공수}을 산정하고, 기본급 급여에 법정 제 수당, 상여금, 퇴직 급여 충당금_{1년 이상 근무자}이 반영된 시간당 노무비인 임율을 곱한다.

2) 노무비 계산

노무비 = 작업시간 × 시간당 임율

작업시간 = 준비시간 + 정미시간 + 여유시간

시간당 임율 = 일정 기간의 지급임금 총액(직 + 간접직) ÷ 일정 기간의 직접직 총 작업시간

① 준비시간은 제품 가공 준비에 소요되는 시간으로 도면 수령, 해독, 공구 수령 및 반납, 기계 장비 및 금형취부, 시험작업 등 1LOT 가공에 소요되는 시간이다.

② 정미작업시간은 가공물을 가공하는 데 소요되는 시간, 즉 공작기계 및 공구가 완전한 상태로 유지되고, 재료·공구·운반구 등에 따른 대기, 작업자의 피로 등을 감안하지 않은 순수 가공시간이다.

③ 여유시간은 작업시간에 직접 필요한 정미시간 이외에 작업을 할 수 없는 대기시간, 피로로 인한 생리적 휴식시간 등 작업여유, 생리여유, 피로여유, 직장여유 등으로 구분한다.

3 제조경비 계산

1) 제조경비 계산방법의 구분

제조경비는 제품의 특성, 제품과의 관련성 등에 따라 직접 계산하여 부과하기도 하고, 일정한 기준에 따라 배부하기도 한다. 제조경비 가운데 직접 계산하는 항목은 기술료, 특허권 사용료, 연구 개발비, 시험 검사비, 외주가공비 등과 같이 실제 발생 비용을 증빙에 의해 확인하거나, 또는 감가상각비 등과 같이 회사 회계 장부에서 알 수 있는 비용이다.

2) 제조경비 계산

제조경비는 제품별로 직접 계산하는 직접경비와 일정률을 곱하여 계산하는 간접경비로 구분된다. 직접경비란 제조경비에서 설비별로 구분 가능한 경비로 관련 설비가 위치한 건물과 설비 감가상각비, 설비 운영에 소모된 전력비, 해당 설비 및 건물의 유지 관리에 소비된 수리 수선비 등이 있다.

제조경비 = 작업시간 × 시간당경비율

직접경비율 = 해당기계 직접경비 총액 ÷ 해당기계 총 작업시간

간접경비율 = 간접경비 총액 ÷ 직접경비 총액

3) 직접 제조경비의 계산

(1) 감가상각비

감가상각비는 제품생산에 직접 사용되는 공장의 건물, 구축물, 기계 장치, 운반비, 금형, 기구, 비품 등의 유형 고정 자산의 상각 금액이다. 상각이란 설비를 사용하면 소모되며, 사용함에 따라 자산 가치가 낮아지는 것을 뜻한다. 설비 및 건물은 오랜 사용기간에 걸쳐 경제적 이득을 제공하므로 이득을 제공하는 기간에 걸쳐 비용 처리를 하는 것이 감가상각비다.

(2) 전력비

전기를 동력으로 사용하는 설비의 전력 사용료로, 설비별 전력 용량, 전기 부하율, 적용 평균 전력 단가로 한다.

(3) 수선비

제품생산과 관련하여 제공되고 있는 건물, 기계 장치, 구축물, 차량 운반구, 공구, 기구, 비품의 수선 유지를 위해 소요되는 비용이다.

4 판매 및 일반관리비 계산

제조활동에서 사용된 재료비의 관리 보상분은 재료관리비로 부여하고 부가가치 활동에 기여한 가공비 금액에 대해 회사가 정한 판매 및 일반관리비율로 계산한다.

판매 및 일반관리비 = (노무비 + 제조경비) × 판매 및 일반관리비 비율

주요항목으로는 임원급여, 수도광열비, 광고선전비, 급료와 임금, 세금과 공과, 보험료, 제 수당, 지급임차료, 퇴직급여 충당금, 감가상각비, 포장비, 여비교통비, 복리후생비, 접대비 등이 있다.

5 재료관리비 및 이윤 계산

재료관리와 관련하여 발생하는 비용으로 구입사무비, 검수비, 보관비, 자재이송 관련비, 선급금에 따른 금리, 재료비 회수기간에 대한 금리, 자재 취급 시의 손망실 비용이다.

1) 재료관리비 계산

사용된 자재 금액에 대해 회사가 정한 재료관리비율로 계산한다.

재료관리비 = 재료비 × 재료관리비율

6 이윤의 계산

기업에서의 이윤은 정상적인 영업활동에서 획득되는 적정 이윤 개념으로 금융비용 공제 전의 이윤인 영업이익을 말한다. 부가가치에 대한 이윤 개념으로서, 제조원가 중 재료관리비로 이윤이 부여된 재료비를 제외한 노무비, 경비와 판매 및 일반관리비의 합계액에 회사가 정한 이윤율을 곱하여 계산한다.

이윤 = (노무비 + 제조경비 + 판매 및 일반관리비) × 표준 이윤율

견적서 비교 검토 방법

견적서를 어떻게 비교하고 분석하면 좋을까?

많은 기업에서 발주 업체를 선정하기 위하여 복수의 공급자로부터 견적을 받아서 비교 분석하는 방법을 가장 많이 사용하고 있다. 견적서를 비교하고 검토하는 방법은 세 가지가 있다.

1 견적서에서 제시된 가격을 기준으로 검토하는 방법

견적의뢰를 받은 공급자가 제시한 최종 가격을 비교하여 가장 낮은 가격을 제시한 공급자를 선택하는 방법이다. 가장 쉽고 빠르게 비교할 수 있기 때문에 많은 구매담당자들이 이 방법을 적용하고 있다. 원가 항목의 구체적인 내용을 알 수 없기 때문에 자칫하면 오히려 더 싸게 살 기회를 놓칠 수도 있다. 견적서 가격을 기준으로 검토하는 방법은 사양이 동일한 비품, 소모품 등 일반구매품목의 경우에 적합하다.

2 견적서 항목별 금액을 비교하여 검토하는 방법

견적대상에 맞는 공급자에게 도면이나 시방서, 견적 조건을 제시하고 정해진 견적 시트에 견적가격을 기재하도록 하여 검토하는 방법이다. 도면이나 시방서를 바탕으로 재료비, 노무비, 부품비, 가공·조립에 드는 비용을 산출한 견적 금액을 제출하도록 한다.

이 방법을 적용하려면 견적을 요청할 때 구성항목별로 견적을 제시하도록 요청해야 한다. 재료비와 가공방법에 따라 가격의 차이가 크게 나는 경우는 항목별 비교 방법을 적용해야 한다.

일반적으로는 견적서의 내용을 먼저 확인하고 항목별 금액을 비교하는 것이 타당하다.

① 요청한 사양재질, 사이즈, 규격 등 및 기타 사항포장 사양, 납입 조건 등이 제대로 반영되었는지 확인한다.

② 견적서에 공급자가 제시한 추가 사항이 있는지를 확인한다.

③ 모든 사양에 이상이 없다면 항목별 금액을 타 견적과 비교 검토한다.

3 당사가 산출한 견적과 비교하여 검토하는 방법

구매담당자가 사전에 견적을 산출한 데이터와 공급자가 제시한 견적 내용과 금액을 비교 검토하여 견적가격을 평가하는 것이다.

이 방법을 적용하기 위해서는 구매관리 담당자가 사전에 견적을 산출해야 한다. 견적서 작성 방법은 Top down 방식과 Bottom up 방식이 있다.

Top down 방식은 유사품의 정상적 원가실적을 참고하여 산출하는 방법이다. 유사품의 원가실적을 설계 특성치를 정리한 산식이나 도표를 이용하여 비교적 간단하게 빠른 시간 내에 산출한다. 과거 유사품의 정상적 원가 실적이 없으면 불가능하다.

Bottom up 방식은 도면이나 사양서 기준으로 먼저 견적을 산출한다. 공정별 원가요소를 나누어서 부품 등의 원가를 산출하고, 구성품, 반제품 단계를 거쳐 전체원가를 산출한다. 이를 위해서 구매관리 부서는 원가 산출의 기준이 되는 코스트 테이블 등을 갖추어야 한다.

산출된 견적과 공급자로부터 받은 견적서를 비교하여 항목별로 차이를 분석한다. 견적서 검토를 단지 가격 기준으로 한다면 구매 이후에 문제가 발생할 수도 있다. 견적은 의뢰자가 요청한 내용과 공급자가 제시한 추가적 사항까지 면밀하게 검토하여 제대로 된 공급자 선정이 이루어지도록 한다.

견적 대조 절차를 정리하면 다음과 같다.

① 견적 조건을 결정한다.

- 도면이나 시방서와 필요한 견적 조건_{발주 로트, 포장 상태, 지불조건}

등을 결정한다.

② 견적을 의뢰한다.

- 견적서 제출 기한을 제시하고 준수하도록 요청한다.

- 구매품별로 제시된 견적 시트에 작성하도록 한다.

③ 구매 가격 견적을 산출한다.

- 구매관리 담당자는 견적의뢰와 동시에 코스트 테이블을 이

용하여 사전 견적을 산출한다.

④ 견적서를 접수하고 분석한다.

- 기일까지 견적서를 접수하고 견적 내용을 분석하여 원가요

소별 차액을 명확히 한다.

⑤ 가격을 협상한다.

- 원가요소별 차액 요인을 확인한다.

- 차액 요인에 대해 공급자와 구매가격을 협상한다.

⑥ 구매가격을 결정한다.

- 강압적인 가격인하로 구매가격을 결정하지 않는다. 합의가

힘든 경우에는 상호 간 노력 목표를 정하고 실시 상황을 보

고 가격을 결정한다.

바람직한 견적서 검토는 구매관리 담당자가 산출한 견적과 협력업체에서 제시한 견적을 항목별로 비교 분석하여 차액 요인에 대해 개선방향과 대책을 수립하여 동반성장을 이루는 것이다.

자재 및
재고관리 기본

· · ·

재고관리에서 가장 기본적이며 중요한 일은 전산상의 재고와 실물재고가 일치하도록 하는 것이다. 그러기 위해서는 입고할 때와 출고할 때 정확하게 기록해야 한다. 그러나 입·출고의 기록이 생각만큼 쉽지 않다.

재고관리의 개념과 목적

재고란 무엇이며 재고관리는 왜 해야 하는가?

　최근 기업에서 경영자가 많은 관심을 가지고 있는 업무 가운데 하나가 재고관리다. 다품종소량생산 체제하에서 다양한 종류의 재고를 보유해야 하기 때문에 재고금액이 쉽게 증가한다. 제품의 라이프 사이클마저 짧아지면서 재고관리를 제대로 하지 못하면 불용재고가 발생하기 쉽다. 경영관리 차원에서 어떻게 하면 재고금액을 줄일 수 있느냐가 중요한 관건이 되고 있다.

1　재고의 개념

　재고란 제품 및 서비스를 생산 및 판매하기 위하여 일정한 장소에 저장해둔 물품을 의미한다. 이것은 미래의 사용을 목적으로 정체된 상태로 물품을 보유하고 있는 것으로 기업 대부분에서 수

백 내지는 수천 종류의 품목을 재고로 보유하고 있다. 유휴상태에 있는 재고는 자금의 유동성을 방해하며 관리가 제대로 안 되면 손실로 이어진다.

다른 의미에서 재고는 입고와 출고의 수량 차이다. 입고된 자재, 반제품, 제품, 상품이 출고되고 남은 수량이다. 또 다른 개념으로는 재고는 입고와 출고의 속도의 차이다. 입고와 출고의 수량과 속도가 같다면 재고는 제로가 된다. 그러나 원료나 부품 등의 입고 속도와 출고의 속도가 같지 않기 때문에 재고가 발생한다. 입고와 출고의 속도를 어떻게 하면 같아지도록 하느냐가 중요한 관리 포인트다.

| 재고 = 입고(Input)와 출고(Output)의 차이 ─────────

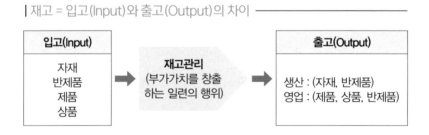

2 재고를 보유하는 이유

애로우A. J. Arrow는 기업이 재고를 보유하고 있는 이유를 사람들이 화폐를 간직하고 있는 이유와 연결하여 거래동기, 예방동기, 투기동기로 설명한다.

1) 거래동기

사람들이 언제든지 필요한 때에 다른 물품이나 서비스와 교환할 목적으로 화폐를 보유하듯이 기업은 정상적인 제품의 생산 및 판매를 목적으로 일정량의 재고를 보유하고자 하는 것이다.

2) 예방동기

위험에 대비하기 위한 것으로 시장 수요의 급격한 증가 등과 같이 예기치 못한 위험 또는 돌발 상황에 효과적으로 대비하기 위해 재고를 보유하는 것이다.

3) 투기동기

가격 변동이 큰 물품을 가격이 저렴할 때 확보하여 재고로 보유하였다가 높은 가격을 받을 수 있을 때 판매하려는 것이다.

오늘날 기업이 재고를 보유하는 주된 이유는 거래동기와 예방동기에 기인하는 경우가 대부분이다.

3 재고관리의 목적

첫 번째는 무엇보다도 고객 서비스를 증대시키는 데 있다.
고객이 요구할 때 즉시 공급할 수 있도록 하기 위해서다. 고객이 요구할 때 즉시 제공할 수 있도록 완제품 재고를 관리하고, 생산계획에 차질 없이 공급하기 위해 자재재고를 관리한다. 고객의 요구 수량과 일정 변경 요청과 생산계획 변동 등의 불확실성에 대비하고 완충하기 위해 재고를 보유하고 관리한다.

두 번째는 효율성을 증진시키고자 한다.

구입수량의 확대를 통해서 구입단가를 낮추고, 생산 LOT를 크게 함으로써 생산성을 높이고자 하는 데 있다. 구매관리 부서는 필요한 것보다 많은 수량으로 구매함으로써 가격의 인하나 운송의 효율성을 기하고자 한다. 또한 생산 부서는 한꺼번에 생산량을 많게 하여 준비시간을 줄임으로써 생산성을 증대시키고자 한다.

세 번째는 투자의 최소화다.

재고를 보유하고 유지하기 위해서는 창고를 확보하고, 관리 인원을 충원하고, 운반장비 등 많은 투자를 해야 한다. 재고를 보유하고 유지한다는 것은 다른 곳에 사용하면 더 많은 이익을 낼 수 있는 자금이 회사 내에 묶여 있음을 뜻한다. 따라서 재고관리를 통해서 투자 자금의 최소화를 가져오고자 한다.

효율적인 재고관리를 위한
필수 요소

품목코드, 로케이션 관리, BOM, ABC 분석 기반으로 관리해야 한다.

최근에 모든 기업은 최적의 재고관리를 위해 많은 노력을 기울인다. 그런데도 실질적인 효과를 거두기가 쉽지 않다. 오히려 늘어나는 다양한 품목과 수량으로 더 많은 어려움에 처하게 된다. 가장 큰 이유는 품목코드 체계화를 비롯해 재고관리를 위한 가장 기본적인 사항이 제대로 갖추어지지 않았기 때문이다. 재고관리를 체계적이고 효율적으로 하기 위해서 먼저 갖춰야 할 필수 항목은 무엇인가?

1 품목코드의 체계화가 이루어져야 한다.

재고관리의 첫 번째 단계가 품목의 코드화다. 일반적으로 창고에 보관하고 있는 모든 자재를 각자의 품명으로 관리하거나, 이것을 체계화한 품목코드로 관리한다. 품명은 품목을 인지할 수 있는 명칭으로 동일 품목을 다르게 부를 수도 있기 때문에 품목코드로 관리해야 한다. 품목코드는 품목을 지칭하는 일련의 번호 또는 INDEX 코드로 UNIQUE한 정보다. 따라서 재고관리는 품목코드를 사용해야 한다.

품목코드에 동일한 코드가 존재해서는 안 된다. 품목코드는 반드시 코드 체계화가 되어 있어서 품목코드만 보고도 어떤 카테고리인지, 어떤 품목인지 알 수 있도록 코드체계로 이루어져야 한다.

2 로케이션이 번호로 관리되어야 한다.

제품을 보관할 때는 제품코드와 연결된 로케이션 번호를 기준으로 보관해야 한다. 일반적인 경우에는 제품명과 제품코드가 기준이 되어서 제품을 관리하게 된다. 이렇게 되면 제품명을 잘 아는 사람만 재고관리를 할 수 있게 된다.

재고관리는 제품코드와 연결된 로케이션 번호가 기준이 되어야 한다. 로케이션 번호를 어떻게 구성하여 사용하느냐에 따라서 재고관리의 수준이 좌우된다. 로케이션 번호의 설정은 큰 영역에서 작은 영역으로 좁혀나가는 방법으로 진행되며 아래와 같은 개념으로 번호가 설정된다.

*** (예) 로케이션번호 '12-A1-07-33'

- 12 : 1은 센터번호, 2는 카테고리_{1번 센터, 2번 카테고리}
- A1 : 통로번호_{A1라인}
- 07 : 랙번호_{07번 랙}
- 33 : 셀번호_{3단 3열의 로케이션}

3 BOM이 제대로 구성되어 있고 지속적으로 관리되어야 한다.

BOM_{Bill of Material, 자재명세서}은 제품을 생산하는 데 소요되는 원재료 또는 부분품에 대한 상세내역이다. 특정제품이 어떠한 부품으로 구성되는지에 대한 정보를 담고 있다.

BOM은 EBOM_{Engineering BOM}과 MBOM_{Manufacturing BOM}으로 나눌 수 있다. EBOM은 설계, 디자인, 제품 개발 계획에서 파생된 정보를 나타내고, MBOM은 재료 수급, 공급 업체, 제품 생산 계획에서 파생된 정보를 나타낸다. 또한 MBOM은 제품이 어떠한 부품으로부터 조립 또는 가공되며, 어떠한 순서를 거쳐서 생산되는지를 규정하는 정보로 활용된다.

따라서 BOM이 정확하게 설정되어 있지 않다면 필요한 원료나 부품이 제대로 발주가 되지 않으며, 재고관리의 수불과 재고보유량 관리에 많은 어려움을 겪게 된다. 재고관리 담당자들은 정상적인 수불관리에서 보유 재고수량이 부족하거나 과다하다면 BOM의 적정성을 먼저 확인해야 한다. BOM은 여러 부서의 필요가 합쳐져 있는 정보이며, 기업의 공통 정보이기 때문에 전사적인 노력과 관리가 필요하다.

4 ABC 분석을 통한 데이터 기반으로 관리해야 한다.

재고관리의 최종적인 목적은 재고금액의 삭감을 통해 재고자산의 회전율을 높이는 데 있다. 재고금액의 삭감을 위한 첫 단계는 관리하는 재고품목을 A, B, C로 분류하고 재고금액의 비중이 높은 품목을 중점적으로 관리하는 것이다.

A, B, C 분류는 품목별 중요도나 연간 총사용액에 따라 전 품목을 A급, B급, C급 등으로 분류하는 방법이다. 일반적으로 A등급은 전체 가치의 70~80%, C등급은 5~10%, 나머지를 B등급으로 분류한다.

A등급 품목은 지속적인 예측치 검토와 평가를 하고, 엄격한 정확성에 입각하여 재고수준을 점검하고 관리한다. 온라인 방식의 재고측정, 재주문 수량 및 안전재고 산출에 대하여 빈번하게 검토한다. 특히 리드타임의 단축에 가장 높은 관심을 기울여야 한다. B등급의 경우는 A등급과 유사하나 엄격성과 주기에 있어서 보다 완화된 방식을 취하며, C등급에 대한 기본적인 방침은 단순히 보유하는 것에 의의를 둔다.

주기적으로 ABC 분석을 실시하고, 그 결과인 Data를 기반으로 재고금액이 높은 A 품목을 효과적으로 통제하고 관리하여 재고금액을 줄여야 한다.

| ABC 분류기준

구분 (단위 : %)	GE사		생산재고관리협회 (APICS)		공급관리자협회 (ISM)	
	자재비용	품목구성	자재비용	품목구성	자재비용	품목구성
A	75	8	80	20	70~80	10~20
B	20	25	15	30	10~20	15~20
C	5	67	5	50	5~10	60~75

자재의 입고 및 출고관리의 중요성

입고와 출고 관리는 재고관리의 기본이다.

　입고와 출고관리는 재고관리의 일상 업무다. 입고관리는 원료나 부품이 들어오면 수량을 파악하여 기록하고 정해진 위치에 보관하는 일이다. 출고관리는 출고 요청이 들어오면 보관장소에서 꺼내서 기록하고 공급하는 일이다. 재고관리에서 가장 기본적이며 중요한 일은 전산상의 재고와 실물재고가 일치하도록 하는 것이다. 그러기 위해서는 입고할 때와 출고할 때 정확하게 기록해야 한다. 그러나 입·출고의 기록이 생각만큼 쉽지 않다. 대부분 입고 기록은 정확하게 실시하는데, 출고 업무가 너무 바쁘다 보면 종종 출고기록을 누락하거나 오기가 발생한다.

1 수불관리의 개념과 중요성

수불이란 입고와 출고의 다른 표현으로 공급된 물품을 받아서 입고하거나, 요구하는 물품을 찾아서 내주는 일이다. 원재료를 매입하여 제품으로 만들어 최종 고객까지의 이동을 재고관리 행위의 결과론적 관점에서 수치상으로 보여 주는 것이다. 수불관리의 결과가 재고자산의 수량이며 금액이다. 재고수량과 금액이 엑셀이나 ERP 등의 시스템에서 한눈에 들어오도록 수불관리를 해야 한다.

| 수불의 흐름

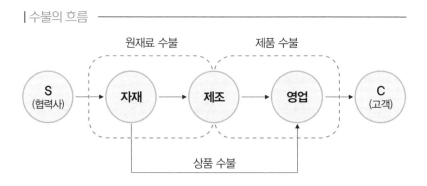

수불의 주체는 재고관리 담당자뿐만 아니라 관련된 모든 담당자가 함께해야 한다. 수불의 정확성을 확보하기 위해서는 반드시 부서 간 상호 크로스 체크 기능이 작동되어야 한다. 또 원활한 수불관리를 위해서는 일일, 주간, 월간 단위로 관리해야 하며, 최소 수불기간인 일 단위 수불부터 철저하게 관리해야 한다.

수불의 정확도를 위해서 많은 기업에서 다양한 방법을 사용하고 있다. 대표적인 방법으로는 바코드나 RFID를 이용하여 입고와 출고 실적을 관리하고 있다. 최근에는 RFID의 활용이 확대되는 추세다.

2 효율적인 입고관리 방법

자재를 여러 형태의 발주와 작업지시납품지시에 의하여 저장위치로 이동시켜 보관하는 절차를 입고라 한다. 입고관리는 입고처리 절차를 간소화함으로써 납품 시간을 단축하고, 재고의 정확도를 높이도록 해야 한다.

정확한 입고업무 처리로 각 부서 간의 정보전달 및 의사결정 자료로 활용하도록 Data의 정확성을 높여야 한다.

입고 즉시 지정된 보관장소나 랙Rack으로 이동하도록 한다. 입고 장소에 쌓아두는 것을 막기 위해서는 미리 정보를 획득하고 제공하여 빠른 배치가 가능하게 한다. 임시보관이나 쌓아두기는 지정된 장소에서만 하도록 한다.

창고 보관 공간의 활용을 위해서는 가급적 입고장소에서 현장으로 즉시 출하할 수 있도록 한다. 신속하고 효율적인 입고관리를 위해서는 부피가 크거나 취급이 어려운 제품 또는 소비 속도가 빠른 아이템은 생산라인으로 바로 이동하도록 한다.

다음은 더 신속하고 효율적으로 입고관리를 하기 위한 5가지 원칙이다.

원칙 1. 품질은 기본이고 시기와 수량, 포장형태, 원 단위 모두 입고 조건에 맞아야 한다.

→ 입고의 기준은 품질, 납기, 원가를 모두 만족해야 한다.

원칙 2. 입고 트러블의 일차적 책임은 수요기업에 있다.

→ 입고 후 트러블이 일어나는 것은 입고과정의 정보공유, 과정관리가 잘못된 경우가 많다.

원칙 3. 입고절차와 방법이 복잡하면 재고 증가로 이어진다.

→ 입고절차가 복잡할수록 입고 횟수를 줄이게 하고, 재고를 증가시킨다.

원칙 4. 입고처리 만족도는 고객이 결정한다.

→ 입출고 밸런스를 위한 입고 속도 조정 기준은 1일 소비량을 기준으로 하는 것이 좋다.

원칙 5. 현장 직행품과 무검사 품목을 확대하여 입고 프로세스를 단축한다.

→ 단계가 많을수록 재고와 리드타임이 길어진다.

3 수불관리 방법

재고의 정확성을 보장받기 위해서는 모든 입출고 처리 절차에 반드시 4가지 기본 단계를 수행할 수 있도록 프로세스를 정의하여야 한다.

첫 번째 단계 : 품목 수령 시 구매발주명세, 품목코드를 통해 해당 품목 여부를 확인한다.

두 번째 단계 : 요청 수량과 일치 여부를 확인한다.

세 번째 단계 : 수불 행위가 발생하면 즉시 기록한다.

네 번째 단계 : 해당 품목을 지정된 위치나 장소로 이동한다.

1. 품목확인   2. 수량 검증   3. 거래 기록   4. 실물 거래 수행

수불관리에서 발생하는 많은 오류는 확인을 제대로 하지 않았기 때문에 발생한다. 품목 수령 시에는 구매발주명세, 품목코드, 수량을 반드시 확인해야 한다. 품목 저장 시에는 정확한 위치 지정 및 기록이 중요하다. 또한 품목 출고 시에도 품목, 수량, 위치를 반드시 기록해야 한다.

창고의 설계와
보관관리의 중요성

**제대로 된 창고설계와 보관방법은
재고관리 업무 효율화의 지름길이다.**

창고는 재고관리를 위해서 가장 기본적인 요건이자 필수 요소다. 창고의 설계는 저장공간의 효율화와 재고관리 업무의 효율성과 편리성을 위해 매우 중요한 일이다. 자재의 보관방법과 보관 위치의 설정은 창고에서 실제 업무를 수행하고 있는 담당자들의 불필요한 업무 낭비를 줄여줌으로써 업무수행상의 편리성과 신속성을 가져올 수 있다.

1 창고설계와 저장공간의 고려 요소

창고설계 시에 우선 고려해야 할 첫 번째 요소는 창고 공간의 이용도와 접근성이다. 창고를 지을 때 가장 큰 자본비용은 공간 확보에 투자되는 비용이다. 따라서 공간 효율의 극대화를 위해서 바닥부터 3차원의 입체공간을 고려해야 한다.

두 번째는 재고 보관 위치로서 재고관리는 SKUStock Keeping Unit로 관리되기 때문에 SKU에 대한 접근이 쉬워야 하며, 찾고 확인하기 쉽도록 배치해야 한다.

세 번째는 오더 피킹으로 출고처리 업무를 위해서는 해당 품목을 꺼내고 이동하기가 쉬워야 한다.

저장공간을 산정하기 위해서는 다음 사항을 고려해야 한다.

① 저장시설의 특성 : 창고의 높이, 넓이, 구조상의 특징 등
② 운반장비의 능력운반 무게, 적재 높이 등
③ 품목의 특성 : 다단 적재 가능성 등
④ 운용공간과 구조상 손실공간
    - 운용공간 : 창고 사무실, 발송, 수령, 포장, 검사 등
    - 구조상 불가피한 손실 공간 : 화장실, 방화벽, 승강기, 계단, 경사, 스팀시설 등

저장공간은 저장지원 공간, 구조상 손실 공간, 통로를 포함하여 산정해야 한다. 저장지원 공간은 보존 및 내포장, 집결/분배, 포장, 상자제품, 수령, 발송, 검사, 사무실 공간을 의미한다. 통로는 화재통로, 인원통로, 주통로, 횡단로가 있다. 또한 최소한의 비용으로 주문처리를 할 수 있도록 창고 작업의 조직화가 필요하다.

2　보관방법 설계 시 고려사항

보관은 재화를 물리적으로 보존하고 관리하는 것으로 물품의 생산과 소비의 거리를 조정하여 시간적 효용을 창출한다. 효율적이고 일하기 쉬운 보관방법으로는 다음의 사항들을 고려할 수 있다.

첫 번째는 사람이 관리하기 좋은 보관상태여야 한다. 인간공학의 원리를 철저히 준수하여 설정하여야 한다.

두 번째는 보관 FLOW 지수를 최소화해야 한다. 보관상태의 기준은 가능한 한 출고할 때의 편리성에 역점을 둔다.

세 번째는 운반의 낭비, 재고의 낭비, 대기의 낭비를 최소화해야 한다. 불필요한 공간을 줄이고, 필요하지 않은 물품이 보관되지 않도록 한다.

네 번째는 누구나 찾을 수 있도록 주소ADDRESS 체계를 갖추어야 한다. 주소는 잘 보일 수 있어야 한다.

마지막으로 눈으로 보는 관리가 되어야 한다. 보관의 상태가 한눈에 보일 수 있도록 함으로써 찾는 낭비 등 불필요한 낭비를 줄인다.

3　보관 위치 설정과 관리

보관 위치 설정은 적은 비용으로 효율적인 물자의 저장과 저장 공간의 최대 활용을 고려하여 계획을 수립하여야 한다. 먼저 저장

계획 고려사항을 검토하고, 이에 관련된 기초자료를 수집하여 저장
계획 분석 및 설계를 한다.

1) 저장계획 고려사항 검토 내용

① 품목의 분류 저장

② 빈도에 따른 고정/유동 저장

③ 품목의 크기

④ 품목의 성질

⑤ 시설의 저장능력

2) 기초자료 수집

① 품목별 현재고, 최대재고

② 입출고 빈도수

③ BIN의 크기

④ 파렛트 크기

⑤ 파렛트당 저장단위

⑥ 품목의 높이

⑦ 파렛트 적재 수량

⑧ 랙의 보유 수량

3) 저장계획 분석 및 설계

① 저장공간 분류/품목

② 창고/위치/층계/하중/높이 등의 분석

③ 창고 넓이

④ BIN 및 박스의 소요

⑤ 랙 및 파렛트 수요

⑥ 공간 소요 : BIN저장공간 + 파렛트 저장공간 + 운용공간

⑦ 저장 설계 : 품목의 종류 및 품목, 저장 총 공간, 순 저장공간, 통로, 지원공간, 품목별 저장위치, 예비 저장지역 등

4 보관의 10가지 원칙

1) 통로대면 보관의 원칙

창고에서 입고와 출고를 편리하게 하고, 창고 내의 원활한 화물 흐름과 활성화를 위하여 통로 면에 보관하는 원칙으로 창고설계의 기본원칙이다.

2) 높이 쌓기의 원칙

창고의 용적효율 향상을 위해 물품을 최대한 높게 쌓는 것이다.

3) 선입선출의 원칙

First in First out으로 수명주기가 짧은 제품, 보관 시 파손이나 감모가 생기기 쉬운 제품에 필요하며, Life Cycle의 최소화에 대비하고자 한다.

4) 회전대응보관의 원칙

보관할 물품의 장소를 회전 정도에 따라 정하는 원칙으로 입출고 빈도의 정도에 따라 보관장소를 결정하는 것이다.

5) 동일성·유사성의 원칙

동일품종은 동일장소에 보관하고, 유사품은 근처 가까운 장소에 보관함으로써 관리의 효율성과 작업생산성의 향상을 위한 방법이다.

6) 중량특성의 원칙

중량에 따라 보관장소와 높낮이를 결정하는 것으로 중량물과 대형물은 하층부에 보관하고 경량물과 소하물은 상층부에 보관한다.

7) 형상특성의 원칙

형상특성에 따라 보관방법을 결정하는 것으로, 포장의 모듈화에 부응하는 표준품은 랙에 보관하고 비표준품은 형상에 따라 보관한다.

8) 위치표시의 원칙

보관품의 장소, 선반번호 등의 위치를 표시하여 입출고 작업의 단순화를 통해 업무 효율을 증대시키고 불필요한 실수를 방지하도록 한다.

9) 명료성의 원칙

창고 내 작업원 시각에 의하여 보관품의 식별이 용이하도록 보관한다.

10) 네트워크 보관의 원칙

관련품목을 한 장소에 계통적으로 분리하고 보관하여 출하 시 용이하게 하는 것이다.

재고실사의 중요성과 방법

재고실사는 왜 하는 것이며, 어떻게 하는 것이 효율적일까?

재고실사는 재고관리 업무에서 매우 중요하며 필수적인 업무다. 재고관리 담당자에게는 늘 부담스러운 일이다. 중요한 줄은 알지만 그럼에도 바쁜 업무 가운데 체계적으로 실행하기가 쉽지 않다.

재고실사는 전산상의 재고와 실물재고와의 일치 여부를 확인하는 작업이다. 기업마다 차이가 있을 수 있으나, 일반적으로는 재고관리 담당자들이 매월 또는 분기별로 재고를 실사하고 회계팀 주관으로 1년에 한 번 혹은 반기에 한 번씩 재고조사를 실시한다. 재고실사를 하면서 창고관리 상태까지 점검한다.

1 재고실사의 의의

재고실사는 현재의 재고 품목과 수량을 파악하고 재고상태를 확인하여 재고관리 활동의 유효성을 확인하는 데 그 의의가 있다. 입고와 출고의 업무 진행과정 중 일정 시점에서의 정확한 수량, 상태, 위치를 파악함은 물론, 불용자재를 색출하고 정비하여 실물과 장부상의 수량 차이를 일치하도록 관리하는 업무다.

2 재고실사의 목적

재고실사를 하는 목적은 어디에 있는가? 무엇보다도 재고관리가 제대로 되고 있는지를 확인하는 것이다. 먼저 전산상의 수량과 실물수량이 일치하는지를 전산재고 리스트를 기준으로 직접 확인한다. 또한 전산에는 정상 자재로 등록되어 있지만 실제로는 사용할 수 없는 상태의 자재가 있는지를 확인한다. 불용재고는 제때 처리해야 전산에 허수가 없어지고, 창고의 가용 공간을 좀 더 확보할 수 있다. 그리고 장기간 입고와 불출이 없는 재고를 색출하고 이에 대한 처리를 통해서 구매비용, 보관비, 관리비를 절감하는 것도 재고실사의 목적이다. 요약하면 다음과 같다.

① 재고자산의 정확한 수량 파악과 금액평가
② 자재수불 과정의 손실방지
③ 기록업무 및 수불업무의 정확성 촉진
④ 사장품의 색출, 잉여품의 관리전환

⑤ 저장운영의 효율화

3 재고실사의 방법

재고실사에는 정기재고실사와 순환재고실사가 있다. 정기재고실사는 공장 내의 작업을 완전히 중단하고 여러 사람들이 모든 재고를 실사하는 방법이다. 순환재고실사는 숙달된 재고관리 요원이 일일, 주간, 월간 단위로 몇 품목씩 일정한 간격으로 실사하는 방법이다.

재고실사는 재고관리 담당자들이 시행하는 순환재고실사가 더 정확하다. 순환재고실사를 하면 적시에 오류정정이 가능하나, 정기재고실사의 경우는 부정확한 재고에 대한 조치가 불가능하다. 정기재고실사는 수불행위를 중지하고 한다고 해서 폐창식이라고 하며, 순환재고실사는 수불을 하면서 재고실사를 한다고 해서 개창식이라고 부르기도 한다.

1) 정기재고실사

정기재고실사는 주로 결산, 감사 등의 시점과 연결하여 실행하며, 전사적으로 추진하는 경우가 많다. 실사를 하기 전에 계획을 수립하여 실사에 필요한 내용을 검토하고 협의하는 것이 바람직하다.

정기재고실사는 각 제품이나 자재가 전산상의 수량과 일치하는

가를 확인하여 차이가 나는 자재에 대해 원인 규명을 추진한다. 원인 규명이 완료되고 나면 필요한 경우에는 전산상의 재고를 조정한다.

정기재고의 실사 내용은 다음과 같다.

① 재고조사를 1년에 한 번 혹은 반기에 한 번씩 실행하는 재고 조사 방식
② 재고의 자산적 가치를 평가하고 검증하는 것
③ 오류 원인이 어디 있는지 알 수 없어 개선이 어려움
④ 비전문가에 의해 수행되기 때문에 실수가 잦음
⑤ 공장을 Shut Down하는 손실에 비해 재고 정확도가 낮음

정기재고실사를 회계 관점에서 보면 매출원가를 산출하기 위한 필수적인 과정이다. 매출원가는 기업의 영업활동의 성과를 파악하는 중요한 지표이며, 기말재고액이 확정되어야 매출원가를 구할 수 있는 구조로 되어 있기 때문이다.

매출원가 = 기초재고 + 당기매입 – 기말재고

또한, 기말재고의 감모손실정상적인, 평가손실은 매출원가에 가산될 수 있어서 기말재고의 수량부터 평가액까지 계산되어야 매출원

가를 구할 수 있다.

따라서 기말재고는 매출원가를 확정하기 위한 첫걸음이고, 기말재고가 왜곡된다면 매출원가부터 영업이익까지 왜곡되는 문제가 발생할 수 있어 회계감사의 일부로 회계사와 함께 재고실사를 진행하는 것이다.

2) 순환재고실사

순환재고실사는 ABC 분석을 실시하여 재고관리 품목을 ABC 등급으로 분류하고, 실사 주기를 결정한다. A, B, C 등급별로 실사 주기를 달리하여 일일, 주간, 월간 단위로 결정하고, 주기에 따라 하루에 가능한 실사 범위를 결정하고, 매일 일정 품목을 실사하도록 절차와 방침을 수립한다.

순환재고실사를 정리하면 다음과 같다.

① 입·출고 재고 정확도 유지를 위해 일정한 주기별로 실행하는 재고조사 방식
② 재고조사 대상이 되는 모든 품목을 ABC 분석을 활용하여 중요도에 따라 실사하는 횟수와 관리 정도를 달리함
③ 숙달된 전담 직원이 수행함으로써 재고 데이터의 틀린 원인을 찾아내어, 재고 정확도를 높이는 개선활동이 가능
④ 경험자에 의해 수행되므로 정확성과 신뢰성이 높음

⑤ 공장 가동을 중지하지 않고 수행하기 때문에 생산 손실이 없음

⑥ 1년 내내 주기적으로 시행하기 때문에 연중 일정한 재고 정확
   도 수준을 유지함

4 재고기록 조정

재고조사를 하다 보면 전산재고와 실물수량이 맞지 않는 경우가 반드시 발생하기 마련이다. 전산상의 재고가 많거나 실물재고가 많거나 둘 중의 하나다. 이 경우 대부분이 전산처리를 제때 하지 않았을 확률이 높다. 정기재고실사가 끝나면 원인을 파악하고 재고기록을 조정해야 한다.

전산상의 재고와 실물재고의 일치를 위해서 가장 중요한 것은 일일 단위로 입고와 출고를 정확히 실시간 처리하는 것이다. 현실적으로 업무에 쫓기다 보면 소홀히 하기가 쉽다. 따라서 주간 단위, 월 단위의 순환재고실사를 추진하여 해당 월을 넘기지 않고 전산처리를 해야 한다.

장기재고와 불용재고의 처리 방법

재고관리의 골칫덩어리인 장기재고와 불용재고는 어떻게 하면 좋을까?

모든 창고에는 장기재고가 있다. 이 장기재고로 인해 공간의 부족을 초래하고 있다. 장기재고의 원인을 제공한 책임구도 명확하지 않고, 시간이 너무 오래 경과되어서 재고관리 부서에서 문제를 제기하기도 쉽지 않다. 장기재고 가운데는 이미 사용하기가 어려운 불용재고도 섞여 있다.

재고관리를 아무리 철저히 하더라도 불용재고는 발생한다. 실제로 불용재고 때문에 재무상태가 악화될 수도 있다. 장기재고와 불용재고의 처리는 재고관리 부서의 가장 중요한 업무면서 쉽지 않은 골칫덩어리 업무다.

1 장기재고의 기준 설정이 선행되어야 한다.

규모가 큰 회사들은 이미 설정된 장기재고의 기준을 가지고 매월 장기재고 내역을 산출하여 보고한다. 그러나 아직도 많은 기업에서 장기재고 기준이 설정되어 있지 않아서 계속해서 창고에 보관을 하기 때문에 공간 부족으로 많은 어려움을 겪는다.

장기재고의 기준 설정은 제품이나 자재의 최종 출고 시점으로부터 경과된 기간으로 설정한다. 기업의 규모와 업종에 따라 다르겠지만, 일반적으로 제품은 최종 출하 후 6개월 동안 출하가 없는 경우 장기재고로 분류하고, 자재의 경우는 1년이 경과하면 장기재고로 분류한다.

2 장기재고의 분류가 필요하다.

장기재고에는 다양한 종류의 제품이나 자재가 있다. 사용 가능한 제품이나 자재도 있지만 이제는 더 이상 사용이 불가능한 것도 많다. 장기재고의 내역을 분류하여 상황에 맞도록 처리방안을 수립해야 한다.

장기재고를 크게 분류하면 사용이 가능한 재고와 사용할 수 없는 불용재고로 분류할 수 있다. 불용재고는 보통 1년 이상 Running 되지 않는 재고로 사양변경이나 생산중단^{단종}인 경우와 파손이나 마모 등으로 사용이 불가능해진 자재다. 과잉재고는 현재 사용실적에 비해 과다 보유하고 있는 자재다.

　장기재고의 분류도 업종의 특성에 따라 달라질 수 있으나 일반적으로는 다음과 같이 분류할 수 있다.

1) 불용재고

① 생산중단모델 아웃, 사양변경모델 변경으로 더 이상 사용하지 않는 자재

② 취급 과정에서 파손이나 마모가 된 자재

③ 고객사로부터 불량이나 클레임 처리되어 반품된 자재

2) 과잉재고

① 수요예측이 어긋나 출하나 생산 후 남은 제품과 자재

② 생산 LOT SIZE로 인해 많이 생산되어 출하 후 남은 제품과 구매 LOT SIZE로 인해 많이 입고되어 생산 후 남은 자재

③ 신제품 개발이 진행 중이거나 개발이 완료된 상태에서 사양변경 등으로 설계변경이 발생하여 더 이상 사용이 불가능하거나 수정이 필요한 제품이나 자재

3 과잉재고와 불용재고의 판정 및 처리 프로세스가 정립되어야 한다.

재고는 자산이므로 불량품을 포함한 어떤 경우에도 임의 처리 해서는 안 된다. 특히 과잉재고나 신제품 개발/시작품은 매각이나 다른 용도로 사용할 수 있는지를 먼저 확인하여야 한다. 따라서 기업에서는 장기재고와 불용재고에 대한 처리 프로세스를 정립하고, 모든 자재의 처리는 이 프로세스를 준수하도록 해야 한다.

과잉재고와 불용재고의 처리 프로세스는 다음과 같다.

1단계 : 관련 부서에 활용검토를 의뢰한다.

2단계 : 품질관리 부서에서 재검사를 통해 최종 사용 여부를 확정한다.

3단계 : 매각 자재는 별도 장소에 보관한다.

4단계 : 과잉 자재는 일정 소요량 초과분에 대해서 활용 및 매각 대상으로 분류한다.

5단계 : 폐기 품의를 득한 후에 처리한다.

모든 기업에서 창고 공간의 부족에 대한 많은 어려움을 겪고 있는데, 이 문제의 대부분이 장기재고와 연관되어 있다. 재고관리는 영업, 생산, 구매 등 관련 부서와 연계되어 있으므로 재고관리 부서가 단독으로 장기재고를 예방하기는 어렵다. 그러므로 재고관리 부서는 장기재고 처리 프로세스를 정립하고 이에 따라 정기적으로 장기재고를 처리하는 일에 집중해야 한다.

구매관리에서 협상의 중요성

...

구매관리 담당자가 단순히 공급자를 만나서 미팅을 하는 것은 협상이 아니다. 협상은 준비 단계를 거쳐 협상전략을 수립하고, 전략을 바탕으로 실행하고 합의된 결과를 가지고 계약서를 작성하는 프로세스로 이루어진다.

협상의 정의와 3요소

구매관리에서 협상은 꼭 필요한가?

구매관리 업무를 처음 시작하면서 배운 단어 중의 하나가 'NEGO'였다. 상사들은 언제나 "NEGO를 잘해라"라고 말했다. NEGO가 Negotiation의 줄임말, 즉 협상이라는 의미도 긴 시간이 지나고서야 알았다. 그 당시는 NEGO를 가격을 잘 깎으라는 의미로만 받아들였다.

구매관리 업무를 하면서 절대적인 Buying Power를 가지고 있다면 굳이 협상하지 않고도 내가 원하는 대로 가격을 결정할 수도 있다. 과거에는 협력업체와 일방적인 관계로 업무 추진이 가능했을지도 모른다. 그러나 오늘날은 누구나 동등한 관계이기 때문에 설령 절대적인 파워를 가지고 있다고 해도 합리적인 절차를 지켜서 모든 업무를 시행해야 한다.

허브 코헨은《협상의 법칙》에서 "세상의 8할은 협상"이라며, 우리가 살고 있는 이 세계는 거대한 협상 테이블이라고 했다. 그리고 싫든 좋든 우리는 그 협상 테이블에 앉을 수밖에 없다고 했다.

구매관리 담당자는 하루에도 여러 차례 전화 통화를 해야 하고, 공급자를 만나서 협의를 해야 한다. 최근에는 사내 회의에 참석하는 횟수도 점점 늘어나고 있다. 내가 사용할 물건을 시장이나 백화점에 가서 사는 구매가 아니라, 사용자 부서가 필요로 하는 품목을 도면과 사양서로 공급자로부터 견적을 받고 발주를 해야 하기 때문에 부득이 여러 사람과 만나서 협상을 해야 한다.

1 협상의 정의

협상은 상대방과의 의견의 차이를 좁혀나가며 합의를 도출하는 과정이다. 리처드 쉘Richard Shell은 "협상이란 자신이 협상 상대로부터 무엇을 얻고자 하거나 상대가 자신으로부터 무엇을 얻고자 할 때 발생하는 상호작용적인 의사소통 과정"이라고 말했다.

모란과 해리스Moran, R & Harris, P.는 "협상이란 상호이익이 되는 합의에 도달하기 위해 둘 또는 그 이상의 당사자가 상호작용하여 갈등과 의견의 차이를 축소 또는 해소하는 과정"이라고 했다. 허브 코헨은 "당신에게 무엇인가를 원하는 상대로부터 당신에 대한 호의 그리고 당신이 원하는 무언가를 얻어내는 일이다"라고 했다. 그 것이 명성이든, 자유이든 아니면 돈이나 정의 또는 사랑·사회적 지위·신체적 안전 등 무엇이든 간에 우리가 누리고자 하는 온갖 것들을 협상을 통해서 얻어낼 수 있다.

2 협상의 3요소

협상에는 힘Power, 정보Information, 시간Time이라는 세 가지 중요한 요소가 있다.

$$Negotiation = f (P. I. T)$$

1) Power는 특정 상황에서
사람이나 사건에 영향을 가할 수 있는 능력이다.

힘은 협상에서 자신을 유리하게 할 수 있는 근원이다. 파워에는 경쟁이 유발되면 가치가 올라가는 경쟁의 힘이 있고, 표준계약서 등 이의를 제기하지 않고 당연하다고 믿거나 인정되는 합법성의 힘이 있다. 단가인상 요구에 대한 타사의 합의 사례 등 선례의 힘이 있다. 구매관리 업무에서 상대방이 자신보다 더 많은 힘과 권위를 갖고 있는 경우도 많다. 협상에서 합법성, 파트너십, 전문지식, 도덕성, 선례, 설득력 등의 힘의 요소들을 확인하고 잘 조합하여 발휘한다면 협상의 결과를 의도대로 이끌어 갈 수 있다.

2) Information은 현실에 대한
평가와 사건에 영향을 가할 수 있는 능력이다.

정보를 더 많이 가지고 있다면 협상에서 유리한 고지를 차지할 수 있다. 협상에 필요한 정보로는 다음과 같은 것들이 있다.

① 상대의 협상목적
② 상대의 약점과 강점
③ 상대의 협상전략과 최선의 대안
④ 상대방의 내부 협상전략
⑤ 상대방의 시간 제약
⑥ 상대 협상대표의 개인적 정보

정보는 협상 준비기간과 진행 동안에 끊임없이 수집, 분석해야 하며, 가장 필요한 정보는 협상 중에 질문을 통해서 얻을 수 있다.

3) Time은 협상에 연관된 시간적 고려사항이다.

협상에서 시간이 갖는 비중은 매우 크다. 시간을 어떻게 활용하느냐에 따라 협상의 결과가 달라질 수 있기 때문이다. 중요한 협상일수록 마감 시간 직전에 타결되기 때문에 상대방의 마감 시간을 알고 협상에 들어가게 된다면 협상을 유리하게 이끌 수 있는 확률이 높다. 협상 시간을 지연하거나 압박하는 상대방의 속임수에 넘어가서는 안 된다. 그리고 언제가 협상하기 좋은 시기Timing인지도 고려해야 한다.

가장 이상적인 협상은 내가 원하는 걸 상대가 스스로 내어주게 만드는 것이다.

협상을 준비하기 위해
알아야 할 필수 용어

정보, BATNA, ZOPA, Position과 Interest

협상의 프로세스에서 가장 중요한 것은 협상의 실행이 아니라 협상의 준비다. 협상의 성패는 협상 준비를 얼마나 철저하게 하느냐에 달려 있다. 협상을 준비하기 위해서는 필요한 정보를 파악하고, 상대방의 ZOPA합의가능영역를 알아내야 한다. 효율적인 협상을 위해서 Position입장과 Interest욕구를 파악하고 욕구에 초점을 맞추어 준비하고 진행해야 한다.

1 정보(Information)

정보는 수집한 자료를 항상 도움이 될 수 있도록 정리한 지식을 말한다. 성공적인 협상을 위해서 정보 파악은 매우 중요하다. 정보를 수집하는 과정에서 상대방이 처한 상황 등을 알아낼 수 있으며, 이를 바탕으로 협상전략을 훨씬 더 잘 수립할 수 있다. 협상에 필요한 주요 정보는 전문가의 의견, 공신력 있는 자료, 선례, 시장가격, 통상적 관례 등이 있다. 무엇보다도 가장 좋은 정보란 '최대한 객관적이고 공정한 것'이어야 한다.

협상을 위한 정보 수집 장소로 상대방의 사무실은 아무래도 공식적인 분위기라서 쉽지 않다. 가능하면 상대방의 업무 환경을 벗어난 제삼의 장소에서 질문을 할 수 있도록 분위기를 유도하는 것이 바람직하다. 직접적인 의사결정권자보다 낮은 지위에 있는 사람을 만나서 논의하는 것도 나쁘지 않은 방법이다. 또 하나의 현명한 정보 수집 방법은 그 상대방과 이미 거래하고 있는 제삼자와의 미팅을 통해 상대방에 대한 정보를 얻는 방법이다.

정보 수집을 위해서는 질문하기를 두려워하지 말아야 한다. 의외로 상대방의 입장을 너무 앞서 헤아려서 정작 필요한 질문을 하지 못하는 경우가 많다. 반대로 상당히 민감할 수 있는 내용을 '툭' 던져보는 사람도 있다. 결국 상대방과 비공식적인 대화를 끌어내면서 분위기를 형성한 다음 다양한 질문을 사이사이에 하는 것도 상대방을 알아내는 좋은 전략이 될 수 있다.

협상에 성공하기 위해서는 협상 준비기간과 진행하는 동안에 끊임없이 정보를 수집하고 분석해야 한다.

2 BATNA(Best Alternative To Negotiated Agreement)ː 최선의 대안

협상을 진행할 때 만약 이 협상이 깨질 경우 내가 선택할 수 있는 다른 대안이 있다면, 협상자는 좀 더 자신감을 갖고 협상을 진행할 수 있을 것이다. BATNA배트나, Best Alternative To Negotiated Agreement는 하버드대학 휘셔 & 유리Fisher&Ury 교수에 의해 1981년 창안된 개념이다. BATNA는 '협상을 통한 합의가 불가능할 경우 취할 수 있는 최선의 대안' 정도가 될 것이다.

쉽게 말해서 현재 진행 중인 협상이 실패하는 경우 당사자가 선택할 수 있는 최선의 대안을 의미한다. 예를 들어 새로운 회사와의 연봉 협상에서 실패하는 경우 현재 직장에 그대로 근무하거나, 자영업을 시작하는 것 등이 BATNA가 될 수 있다.

자신의 BATNA를 정확히 알고 있지 못한다면 어떤 제안을 수용할 것인지 결정하기가 쉽지 않다. BATNA는 지나치게 불리한 합의안을 수용하거나 또는 이익이 되는 합의안을 잘못 거절하는 경우로부터 자신을 지켜주는 유일한 기준이다.

협상에서 BATNA를 준비하지 못했을 경우에는 다음과 같은 문제가 발생될 수 있다.

첫째	• 거래에 대한 판단 기준이 없다. • 상대방의 제안이 나에게 불리한지 유리한지 파악하기 어렵다.
둘째	• 유리한 제안을 거절하거나 불리한 제안에 합의할 우려가 있다.
셋째	• 협상을 언제 그만두어야 할지 모른다.

3 ZOPA(Zone Of Possible Agreement) : 합의가능영역

모든 협상은 본인이 원하는 대로 되지 않는다. 특히 가격협상에서는 일정한 가격 범위 안에서만 협상이 타결된다. 합의가능영역 ZOPA, Zone Of Possible Agreement은 협상타결이 가능한 범위를 말한다. 합의가능영역은 두 당사자의 유보치 사이의 영역을 의미하는데, 당사자 사이에 협상이 가능하기 위해서는 합의가능영역이 존재해야만 한다. 예를 들면 물건값을 흥정하는 경우 구매자가 지불하고자 하는 최고 가격과 판매자가 팔고자 하는 최저 가격 사이에 중첩되는 영역인 긍정적 흥정영역Positive bargaining zone이 존재해야만 협상이 가능해진다.

이때 구매자에게는 최고 가격이, 판매자에게는 최저 가격이 유보치로서 이 두 유보치 사이의 영역이 협상가능영역Zone Of Possible Agreement이다. 만일 구매자가 생각하는 최고 가격 이상으로 판매자가 팔고자 하거나, 판매자가 생각하는 최저 가격 이하로 구매자가

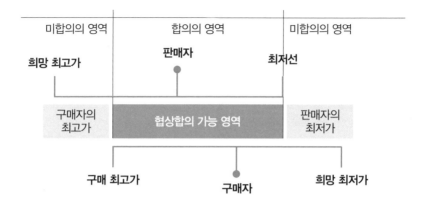

사고자 하는 경우 협상은 결렬된다. 구매자의 입장에서는 판매자의 최저가를 알아내고자 하는 노력이 매우 중요하다.

4   Position과 Interest

협상에서 상대방은 쉽게 자신이 원하는 목표나 가격을 내어놓지 않고, 자신의 어려운 상황을 장황하게 설명한다. 특히 가격협상을 할 때 가격인하의 어려움만을 이야기하면서 인하 폭이나 가격인하를 하는 대신 어떤 것을 해달라는 요구를 쉽게 말하지 않는다. 협상할 때 상대방의 입장요구과 욕구를 구분할 수 있으면, 성공적인 협상을 위한 7부 능선을 넘었다고 해도 과언이 아니다. 협상 상대방의 입장과 욕구를 구분하는 것은 하버드 협상론의 가장 핵심적인 내용이기도 하다.

상대방의 입장Position은 '명시적인 상대방의 요구사항'을 의미하며, 협상목표를 달성하기 위해 협상 의제에 대해 요구하는 내용이다. 상대방의 욕구Interest는 '명시적이지는 않지만 상대방 내면에 있는 욕구, 희망사항'을 의미한다. 협상 당사자가 협상을 통해 진정으로 얻고자 하는 것으로 경제적 이익뿐만 아니라 상대방과 관계, 자존심, 명예, 원칙, 환경보전, 조직 내에서의 인정 등과 같은 비금전적인 것도 포함된다.

성공적인 협상을 위해서는 상대방의 입장과 욕구를 구분한 다음, 상대방의 입장에만 주목하지 말고 상대방의 욕구를 정확히 파악해야만 한다. 어떤 이유에서든 협상을 하기로 마음을 먹었다면, 그때부터는 좋든 싫든 상대방의 입장에서 상대방이 어떤 욕구를 갖고 있는지를 파악해야 한다. 나의 Interest보다 더 중요한 것이 바로 상대방의 Interest다.

구매협상의 프로세스와
단계별 관리 포인트

협상은 어떤 절차로 이루어지며 준비해야 할 것은 무엇인가?

구매관리 담당자가 단순히 공급자를 만나서 미팅을 하는 것은 협상이 아니다. 협상을 하기 위해서는 일정한 프로세스가 필요하며, 단계별로 준비하고 확인해야 할 사항이 있다. 협상은 준비 단계를 거쳐 협상전략을 수립하고, 전략을 바탕으로 실행하고 합의된 결과를 가지고 계약서를 작성하는 프로세스로 이루어진다. 단계별 주요 관리 포인트는 어떤 것이 있는지 알아보고자 한다.

| 협상의 프로세스

협상 준비 (prenegotiation)	협상전략 수립 (preparation)	협상 실행 (negotiation)	협상 마무리 (closure)

1 협상 준비 단계

협상에서 가장 중요한 단계는 준비 단계다. 어떤 협상가는 준비가 협상 전체의 80%를 차지해야 한다고 할 만큼 중요한 단계다.

협상 준비를 위한 첫 번째 포인트는 공급자 시장상황 분석이다. 구매자의 협상력은 공급자의 위치에 따라 달라진다. 따라서 공급자가 독점, 과점, 독점적 경쟁, 완전경쟁의 어느 위치에 있는지를 파악해야 한다. 독점일 경우에는 구매자의 협상력은 낮아지며 완전경쟁일 경우에는 높아지기 때문이다.

두 번째 포인트는 수요와 공급의 상황 분석이다. 모든 경제에 적용되는 수요와 공급의 법칙은 협상에서도 역시 중요한 요소다. 공급보다 수요가 많으면 협상력은 낮아지고, 반대로 수요보다 공급이 많아지면 협상력은 높아진다.

세 번째 포인트는 구매 관련 정보의 분석이다. 가지고 있는 정보는 사실과 데이터에 근거해 상대방이 부인할 수 없는 객관적 사실

| 협상에 필요한 Data ─────────────────────

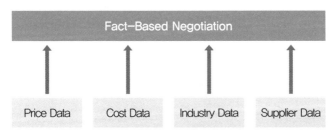

이어야 한다. 구매협상은 Price Data가격 데이터, Cost Data원가 데이터, Industry Data산업 데이터, Supplier Data공급업체 데이터의 사실적 근거를 가지고 과학적이고 합리적으로 협상에 임해야 한다.

마지막으로 협상상황을 7가지 요소로 분석해야 한다.

① 선택 가능한 것은 무엇인가?
② 나와 상대의 이익을 어떻게 나눌 것인가?
③ 가장 바람직한 협상을 위한 선택은 무엇인가?
④ 어떤 기준을 갖고 협상할 것인가?
⑤ 어떤 합의를 선택할 것인가?
⑥ 협상에 필요한 효율적이고 효과적인 커뮤니케이션은 무엇인가?
⑦ 협상 후 유지해 나가야 할 바람직한 관계는 무엇인가?

2 협상전략 수립 단계

협상전략은 기대되는 협상성과와 상대방과의 관계유지에 따라 5가지로 나누어진다. 협상의 성과도 중요하고 관계유지도 중요한 경우에는 Win-Win 전략을, 협상성과는 중요하지만 관계유지는 중요하지 않은 경우에는 Win-Lose공격 전략을 수립한다. 앞으로의 관계유지는 중요하고 협상성과는 중요하지 않은 경우는 Lose-Win

양보 전략을, 관계유지도 중요하지 않고 협상성과도 중요하지 않은 경우에는 Lose-Lose회피 전략을 선택한다. 마지막은 절충 상황으로 타협 전략을 수립한다.

1) Win-Win 전략

모두의 이익을 극대화하는 데 초점을 맞추는 것으로 장기적인 관계 때문에 양측 모두가 이익을 얻어야 할 때 적용한다.

2) 공격 전략

상대방의 이익을 무시하고 최대치를 얻으려는 전략으로 지속해서 거래하는 것보다는 현재의 이익이 더 중요할 경우에 적용한다.

3) 양보 전략

자신은 양보하고 상대방이 모든 이익을 얻도록 하는 전략으로 지금 당장은 도움이 되지 않지만 장기적으로 관계를 유지하는 것이 중요할 때 적용한다.

4) 회피 전략

모든 종류의 갈등을 피하고 싶다는 욕구에서 나오는 전략으로 장기적 관점으로 보면 거래를 하든 안 하든 도움이 안 되는 상황에 적용한다.

5) 타협 전략

협조적인 접근방법으로 관계의 측면도 이익적 측면도 중간이라 상황에 맞게 대처해야 하는 경우에 적용한다.

| 5가지 전략의 유형 ──────────────────────────

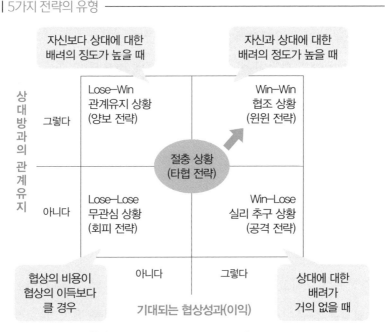

출처 : 《Mastering Business Negotiation》, Roy J. Lewicki, Alexander Hiam

3 협상 실행 단계

협상을 실행하기 위한 첫 단계는 협상 분위기 조성이다. 흔히 말하는 아이스 브레이킹Ice Breaking이다. 아이스 브레이킹은 사람과 사람 사이에 존재하는 얼음, 즉 어색함을 깨뜨리는 일이다. 협상 상대의 상태를 파악해 긴장을 풀어주고 우호적인 분위기를 만들어주는 계기를 마련하며 상대의 의욕을 고취하는 것이 목적이다.

구매담당자들은 늘 시간과 업무에 쫓기기 때문에 공급자와 협상할 때 아이스 브레이킹을 소홀히 하는 경향이 있다. 그러나 오랫동안 영업을 담당해온 사람들은 업무 이야기를 하기 전에 날씨 이야기를 하거나 구매담당자의 관심사를 주제로 이야기를 나눈다. 상대방의 관심사는 협상을 유화적인 분위기로 이끌 수 있기 때문이다.

두 번째 단계는 경청 Listening 하기다. 경청은 참을성 있게 상대방의 이야기에 귀를 기울이는 것이다. 할 수만 있다면 협상 실행 단계에서 가장 바람직한 방법이다. 대화의 내용뿐 아니라 상대방의 심정 또한 이해하려고 노력하는 공감적 경청이 필요하다.

경청은 ① 상대방의 말을 듣는 차원 ② 말하는 사람에 주목하는 차원 ③ 상대가 하는 말의 의미를 이해하려고 진지하게 노력하는 차원으로 이어진다.

4 협상 마무리 단계

협상의 목적은 단순히 합의에 도달하는 것이 아니라 이행약속 Commitment 을 받아내는 일이다. 다시 말해서 모든 협상은 명문의 서류 작성인 계약서의 서명으로 마무리된다. 아무리 오랫동안 협상을 진행했다고 하더라고 계약에 이르지 못했다면 협상은 마무리되지 못한 것이므로 계약에 이르도록 최선을 다해야 한다.

또한 협상에서 아무리 많은 것을 논의했다 하더라도 계약서에 포함되지 않았다면, 계약 이행 과정에서 문제가 되었을 때 아무 소용이 없게 된다. 따라서 계약서 작성을 할 때는 협상 중에 논의되었던 내용이 포함되었는지를 꼼꼼하게 살펴봐야 한다.

가격협상이 어려운
공급자의 대응 방안

언제나 협상이 성공하는 것은 아니다.

경영진이 구매관리 부서에 가장 바라는 것은 원가절감이다. 따라서 구매관리의 협상에서 가장 많은 부분을 차지하는 것이 원가 협상이다. 기업에서 많은 사람들은 돈을 지불하고 사는 입장이라서 협상에서 우위를 갖는다고 생각한다. 그래서 협상에서 언제나 성공할 것이라고 생각한다. 그러나 실제 구매관리 업무에서는 협상에서 우위를 갖지 못하는 경우도 많고, 협상이 제대로 이루어지지 않는 경우도 많다. 더구나 기업의 규모가 크지 않아서 Buying Power가 작을 경우는 더더욱 그렇다.

1 독점기업과는 가격협상이 되지 않는다.

원료나 특정한 부품은 공급이 가능한 업체가 한정되어 있다.

이러한 경우에는 힘의 균형이 공급자에게 있다. 납기의 단축이나 가격의 인하 등 필요한 사항을 설득이나 협상을 통해서 결과를 끌어내기가 매우 어렵다.

독점기업과의 거래에서는 가격의 요인도 중요하지만, 지속적인 공급의 안정성이 더 중요하다. 일시적인 단가인하보다 지속적인 거래를 통하여 신뢰관계를 구축하는 것이 더 중요하다. 월간 단위의 발주보다는 연간 단위 물량 협의로 사전에 공급물량을 확보하는 것이 바람직하다. 가격협상은 원가분석이 쉽지 않으므로 회사의 사정을 설명하고 양해를 구하는 것이 빠르다. 향후 원가절감을 추진하기 위해서는 연구소 등 관련 부서와 협의하여 대체재 개발을 추진해야 한다.

2 소규모 기업은 가격협상 이후의 관리가 중요하다.

소규모 기업은 업체의 영세성으로 인해 부가가치 창출을 노동력에 의존한다. 모기업의 원가절감을 흡수할 수 있는 여력이 많지 않다. 그런데도 원가절감을 요구하면 매출 의존도가 높은 경우에는 어쩔 수 없이 받아들이는 경향이 있다.

원가절감을 추진한 이후에 만회할 수 있도록 사후 지도를 해야 한다. 기술 지도나 지원을 통하여 작업 방법 개선, 간이 자동화 등으로 생산성 향상을 추진할 수 있도록 도와주어야 한다. 제조원가에서 비중이 높은 재료를 소량 구매로 인하여 비싼 가격으로 구매하고 있다면 사급 지원을 검토할 필요가 있다. 그렇지 않으면 원재료 구입비 상승으로 인하여 경영의 어려움을 겪을 수 있으며, 이는 납기나 품질의 문제로 이어질 수 있다.

3 적자기업은 가격인상을 요구한다.

구매관리 업무를 하다 보면 가격인상 요청을 받게 된다. 구매관리 담당자들은 가격인하 목표가 정해져 있어서 그 목표를 달성하기 위해서 최선을 다하고 있는 가운데, 가격인상 요청을 받으면 당황하게 된다. 적자기업은 여러 차례 가격인상 요구를 해 오기도 하며, 어떤 기업은 낮은 단가가 적자의 원인이라고 주장하기도 한다.

이런 경우에는 우선 협력업체와 공동으로 재무분석을 실시하여 적자요인을 분석할 필요가 있다. 단가인상을 통하여 해결할 수 있다면 일시적인 선급 지원이나 단가인상 방안을 추진한다. 그러나 근본적으로 기업의 재무구조가 취약하여 단가인상이나 단기적인 지원으로 재무 개선 가능성이 희박하다고 판단되면 향후 부도 등 공급이 어려워지는 경우를 대비해야 한다. 사전 재고를 확보하고 새로운 업체를 발굴하여 이원화를 검토해야 한다.

4 의존도가 낮은 기업은 가격협상에 소극적이다.

매출 의존도가 높지 않은 기업의 경우는 가격협상에 적극적으로 협력하지 않는다. 그 기업의 전체 매출에서 차지하는 비중이 작기 때문에 원가절감을 통한 지속적인 거래에 대한 장점을 느끼지 못하기 때문이다.

중장기 사업계획 등의 설명을 통해 비전을 제시하여 향후 거래에 관심을 유발한다. 현 제품보다 미래 생산 예정인 신제품에 대한 전망을 설명하고, 신제품 개발 시 참여 가능성을 부각하여 원가절감에 참여하도록 유도한다.

구매계약과
하도급법의 이해

...

계약서란 분쟁의 발생을 사전에 방지하고 나아가 분쟁이 발생하여 소송으로 해결할 수

밖에 없게 된 경우에 그 입증 자료로 사용하기 위한 것이다. 구매계약을 체결하는 과정

에서 유의사항을 충분히 검토하여 반영해야 한다.

구매계약의 의의와
구매 관련 계약서

구매관리 업무에 필요한 계약서는 어떤 것들이 있나?

선진국에서 가장 강조되는 구매관리 업무영역 중의 하나가 계약이다. 그런데도 구매관리 업무에서 아직도 소홀한 부분이 계약이다. 계약을 체결하지 않고 발주를 진행하거나, 체결하기 전에 선 발주를 하기도 한다. 또한 계약을 체결할 때도 구매자가 계약서 초안을 제시하기보다는 공급자가 제시한 계약서를 충분한 검토 없이 계약을 체결하기도 한다. 계약이 제대로 체결되지 않았거나 체결되었다 하더라도 계약의 내용이 충분히 검토되지 않았다면 분쟁이 발생했을 경우에 커다란 손실을 초래할 수 있다.

기업에서 계약서는 구매나 영업활동의 수단이자 권리와 의무의 발생 근거이며, 분쟁 발생 시에는 법적 판단의 근거가 된다.

1 구매계약의 의의

1) 계약의 개념

계약은 두 사람 이상의 당사자가 서로의 의사표시를 합치시키는 합의 과정을 통해 일정한 권리 혹은 의무를 발생하거나 변경하는 법률 행위다. 법으로 강제할 수 있는 당사자 간의 약속이며, 장래에 어떤 행위를 하거나 하지 않겠다고 하는 의사표시다. 또한 어느 한쪽이 일정한 조건으로 청약offer하고, 이에 대해 상대방이 승낙acceptance하는 합의agreement가 있어야 한다.

2) 구매계약의 의의

구매계약은 민법상 매매와 도급을 포괄한다. 물품 구매는 매매계약에 해당되고, 제조위탁은 도급계약과 매매계약으로 이루어진다.

매매는 당사자 일방이 재산권을 상대방에게 이전할 것을 약정하고 상대방이 그 대금을 지급할 것을 약정함으로써 그 효력이 생긴다민법 제563조. 매매계약은 매도인이 재산권을 이전하는 것과 매수인이 대금을 지급하는 것에 관하여 쌍방 당사자가 합의함으로써 성립한다.

도급은 어떤 일의 완성을 부탁받은 자수급인가 일을 하기로 약정하고, 부탁한 자도급인가 그 일이 완성되면 보수를 지급할 것을 약정함으로써 성립하는 계약민법 제664조이다.

2 구매계약서의 종류

구매 관련 계약서는 기본거래계약서, 개별계약서, 발주서, 구매의향서LOI가 있다. 최근에는 구매의향서LOI의 사용이 점차 확대되고 있다.

1) 기본거래계약서

지속적인 거래를 위해 공급자와 물품 공급에 관한 제반 사항과 계약 내용에 관해 작성한 서식이다. 기본거래계약서에는 손해배상 책임이나 기밀 보증, 납입방법, 하자발생 시 대처방안 등을 확정해 둔다. 이러한 항목들은 거래 품목이 바뀌더라도 공통으로 적용되기 때문에 기본계약서를 통해 명시해두는 것이 좋다.

지속적, 반복적 거래가 이루어지는 경우에 공급자 선정이 완료되면 기본거래계약서를 체결한다.

공정거래위원회에서는 하도급법 및 업종 특성 등을 고려하여 법 위반을 최소화하고, 계약서 작성의 편의를 제공할 목적으로 표준하도급계약서를 보급하며 적용을 권장하고 있다.

2) 개별계약서

개별계약서는 매번 1회에 한하여 체결·작성되는 것으로, 개별적으로 적용되는 조항만을 정한 계약서이다. 실무상으로는 지속적인 거래를 시작할 때는 기본거래계약서를 작성하고, 개개의 거래는 주문서와 청구서의 교환만으로 이루어지는 수가 많다.

개별계약서는 거래 품목에 따라 제품사양, 수량, 단가 등이 매번 바뀌기 때문에 개별계약서 체결을 통해 확정을 한다. 발주서를 미리 양식화하거나 기본거래계약서를 미리 체결함으로써, 개별 계약을 체결할 때 구매조건에 누락이 발생하여 나중에 문제가 생기는 일이 없도록 한다.

3) 발주서

발주서Purchase Order란 구매자가 필요한 자재의 품명, 규격, 수량, 단가, 금액 등의 내용을 기입하고 납품장소, 납기일, 인도조건, 결제조건, 검수방법 등을 기재하여 공급자에게 보내는 문서로 계약서의 일종이다.

일반적으로는 반복적, 지속적으로 거래하는 제조구매의 경우에는 기본거래계약을 체결하고, 후일의 지속적 거래에 있어서는 발주서만으로 계약거래가 이루어지도록 하는 방법이 간편하게 통용된다.

그러나 간헐적으로 필요한 경우에만 거래하는 일반구매의 비품, 소모품, 사무용품의 경우는 별도의 계약서를 작성하지 않고, 발주서만으로 구매를 하는 경우가 대부분이다. 이런 경우에는 발주서 내용에 대해 사후의 분쟁을 미리 방지하는 의미에서 거래처로부터 승인_{승낙}을 받는 절차가 필요하다.

4) 구매의향서

발주자는 종종 계약을 체결하기 전에 공급자에게 납기를 맞추기 위해 설비 제작이나, 공사를 개시해주기를 원할 수 있다. 이처럼 긴급한 경우, 발주자는 협력업체에 구매의향서_{LOI, Letter of Intent}를 발급함으로써 설비 제작이나 공사를 개시할 수 있는 권한을 부여하게 된다. 이 LOI는 양 당사자의 서명을 필요로 하게 되어 있고, 후일에 적합한 본 계약을 체결할 것임을 나타내는 문구를 포함하고 있다.

일단 이 LOI에 서명하게 되면, LOI는 양 당사자를 구속하며, 공급자가 정식으로 계약에 서명하기 이전에 작업을 수행할 수 있는 권한을 부여하게 된다. 일반적으로 정식계약이 이루어지지 않을 경우, LOI는 공급자나 시공자에게 적절한 보상을 하도록 규정하고 있다. 따라서 LOI에 기인한 법적 구속력이나 강제가능성_{enforceability}을 배제하고자 하는 당사자는 서명을 유보하든지 또는 특정의 조건을 붙여서 혹은 구속력이 없는 표현_{예를 들어 make best efforts 등과 같은 것}으로 대응하는 방법이 필요하다.

상기 계약 외에 기업과 제품의 특성에 따라서 품질보증 협정서, 클레임보증 협정서 등을 추가로 체결할 수 있다. 품질보증 협정서는 품질에 관한 상호의 책임 범위를 명확히 하고, 품질의식 고조와 품질의 유지 및 향상을 하기 위해 상품의 전수양품을 보증하는 내용이다. 클레임보증 협정서는 납입상품에 대해서 CLAIM이 발생했을 경우의 갑, 을 상호의 보상내용 및 방법에 대한 협정이다.

　계약 상대방과 의견을 충분히 교환하고, 이를 문서로 만드는 과정에서 계약체결 후 발생할 문제를 충분히 협의하고 반영해야 한다. 또한, 잘못된 계약 문구로 인한 불이익이나 분쟁 시 들어가는 법률 비용을 생각하면 나소 번거롭디리도 사전에 전문가의 도움을 받는 게 좋다.

구매계약서 작성 절차와 체결 시 유의사항

구매 계약서 작성 시 유의해야 할 사항은 무엇인가?

1   계약서 작성의 기본원칙

거래가 종료될 때까지 모든 일이 순조롭게 마무리되어 체결한 계약서를 다시 보지 않는 것이 가장 바람직하다. 그러나 부득이 계약 이행 과정에서 채무 불이행 등의 문제가 발생한 경우에 해당되는 내용이 계약서 안에 포함되어 있지 않다면 어려움에 처하게 된다.

계약서의 작성에 있어서 가장 유의하여야 할 점은 그 계약 관계에서 발생할 수 있는 제반 문제를 먼저 예상하여 당사자와 충분한 협의를 거쳐 다른 해석이 나올 수 없도록 구체적이고 명확한 문언으로 표시하고, 나중에 변조될 수 없도록 해야 한다는 점이다. 계약서란 분쟁 발생을 사전에 방지하고 나아가 분쟁이 발생하여 소송으로 해결할 수밖에 없게 된 경우에 그 입증 자료로 사용하기 위한 것이기 때문이다.

2 계약체결 절차

계약서는 협상의 마무리로 이행약속을 받아내는 것이다. 계약 체결은 협상으로 출발하여 필요시에는 비구속적 문서_{양해각서, 의향서} 등를 작성하여 교환하고, 계약서 초안을 작성해서 상호 검토하여, 계 약당사자 간에 최종 합의에 이르면 서명 또는 날인을 한다.

| 계약체결 절차

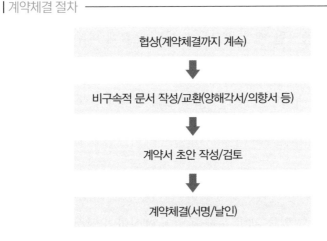

비구속적 문서_{MOU} 등는 정식계약 체결에 앞서 행정기관 또는 법 인, 단체 간에 양해 사항을 확인하기 위해 작성하는 문서로 일반적

으론 법적 구속력을 갖지 않는 것으로 알려져 있다. 그러나 '양해각서'라는 제목의 약정이 체결됐다고 해서 항상 법적 구속력이 없는 것은 아니기에 주의해야 한다.

사실 어떤 계약에서든 제목은 법률적으로 의미가 없다. 계약의 내용이 중요한 것이다. 즉 '양해각서'란 제목의 계약일지라도 법적 구속력을 갖는 내용이 담겼다면 해당 계약은 법적 구속력을 가지게 된다.

3 계약서의 구성

1) 표제(제목)

일반적으로 계약서에는 표제Title를 붙인다. 표제를 무엇으로 하는가는 계약의 효력과 별로 관련이 없다. 따라서 표제의 내용과 본문의 내용에 차이가 있는 경우에도 본문 내용이 명확한 이상 표제의 의미와는 관계없이 본문의 내용에 따라 계약의 효력이 발생한다.

이처럼 계약서의 표제는 계약의 내용을 상징적으로 표기하는 것일 뿐, 표제에 의하여 그 계약의 내용이 바뀌는 것은 아니다.

2) 전문

계약서의 전문이란 계약서의 각 조항을 구성하기에 앞서 그 계약의 목적이나 기본원칙을 선언하는 계약서 첫머리 부문의 문언을 말한다. 계약서 작성에 있어서 반드시 전문을 필요로 하는 것은 아니다. 이처럼 계약서의 전문은 본문의 해석기준이나 계약서상에 미처 기재하지 않은 사항에 대한 처리기준으로 삼을 수 있다는 점에서 계약의 중요내용을 이루게 된다.

3) 본문

계약서의 본문은 계약낭사사가 제결하고지 하는 계약의 종류와 그들 사이의 합의 내용에 따른 계약의 핵심 내용으로 통상 조문 형식으로 작성한다. 계약서의 본문에 들어가야 할 내용은 크게 "계약의 성립과 이행 부분" 그리고 "계약의 불이행에 대한 부분" 등 두 가지로 나누어 볼 수 있다.

우선 "계약의 성립과 이행 부분"에 규정될 사항은 계약의 목적과 배경, 용어의 정의, 계약의 성립과 효력 발생 시기, 계약의 존속기간, 계약의 대상이 되는 목적물, 계약금, 계약대상이 되는 물건에 대한 보험 가입 여부, 계약당사자의 권리 및 의무 내용, 계약의 이행 시기와 방법, 조건 또는 기한의 존재 여부, 보증 여부 및 보증 이행 방법, 쌍무계약 시의 선 이행 또는 동시 이행 관계, 분할 이행 여부와 방법, 계약의 이행 장소, 이행을 위한 채권자의 협력 여부와 협력 정도, 상대방에 대한 의사표시의 통지수단 및 통지장소, 계약상의 권리이전, 이행에 대한 채권자의 검수 및 검사, 계약 이행의 담보, 예약, 계약의 체결 그리고 관리 및 이행에 관한 비용의 부담, 계약완결

전에 발생한 위험의 부담 등이다.

그리고 "계약의 불이행에 대한 부분"에 규정될 내용은 기한이익의 상실, 채무불이행 시<small>일부만 이행한 경우 등 불완전이행 시의 경우 포함</small> 법률적 효과, 계약의 해제 및 해지 건의 발생원인, 해제 및 해지 의사표시 방법과 그로 인한 법률효과, 해제 및 해지로 인한 손해배상의 예정, 손해배상액의 산정과 배상방법, 재판 관할에 관한 합의 등이다.

위와 같이 본문에 규정될 내용으로 기술된 것들은 반드시 모두 규정되어야 계약이 성립한다는 의미는 아니고, 위와 같은 요소들을 참고하여 당사자 간의 합의에 의하여 어떠한 법률관계가 이루어져 이행될 것인가 구체화되어 본문에 규정되도록 해야 한다는 의미일 뿐이다.

4) 계약체결일 및 당사자의 표시와 서명, 날인

계약서에 계약체결일을 기재하여 해당 계약이 언제 체결되었는지 알 수 있도록 하는 이유는 계약서 본문에서 별도의 계약효력 발생일을 정하지 아니하는 한 계약체결일에 계약의 성립과 동시에 효력이 발생하기 때문이다.

계약상 권리자와 의무자를 특정하기 위하여 계약당사자를 표기하도록 해야 하며, 계약당사자가 개인인 경우에는 성명, 주소, 주민등록번호를 기재하고, 법인인 경우에는 법인의 법인등기부상 명칭, 법인의 주소, 대표자 이름을 기재하는 것이 통례이다.

대리인이 계약을 체결하는 경우에는 본인을 위와 같은 기재례에 의하여 기재하고, 그 아래에 대리인임을 나타내는 문구를 명기하고 대리인의 성명, 주소, 주민등록번호를 기재한다. 그리고 계약서에 인감증명을 첨부한 대리인의 위임장을 첨부한다.

계약당사자는 이처럼 자신의 인적 사항을 기재하고 나서 자신의

표준하도급 기본계약서

1) 표제

2) 전문

3) 본문

4) 계약당사자의 표시

5) 계약당사자의 서명, 날인

○○○ 회사(이하 "갑"이라 한다)와 ○○○ 회사(이하 "을"이라 한다)는 자동차업종 관련 하도급거래에 관하여 상호존중과 신의성실의 원칙에 입각하여 다음과 같이 하도급거래 기본계약(이하 "본 계약"이라 한다)을 체결한다.

제1조 (기본원칙)
① 갑과 을은 자동차 부품(부속품을 포함한다) 제조 및 개발 위탁에 대한 본 계약(하도급거래가 아닌 단순 인력파견계약은 제외된다) 및 이에 따른 개개의 거래계약(이하 '개별계약'이라 한다)을 상호이익의 존중 및 신의성실의 원칙에 따라 이행하여야 한다.

제2조 (기본계약 및 개별계약)
① 본 계약은 갑과 을 간의 부품의 제조하도급에 관한 기본 사항을 정한 것으로 별도의 약정이 없는 한 본 계약과 별도로 체결하는 개별계약에 대하여도 적용되며, 갑과 을은 본 계약 및 개별계약을 준수한다.

갑과 을은 년 월 일 작성한 기본계약서에 근거하여, 위와 같이 개별계약을 체결하고, 계약서 2통을 작성하여 각각 1통씩 보관한다.

년   월   일

회사명 :   회사명 :
주소 :   주소 :
대표자 :   (인)   대표자 :   (인)

각자 명칭 옆에 서명하고, 그 서명자의 인장을 날인하거나 사인을 해야 한다. 법인이 당사자인 경우 그 법인의 대표자가 법인 인감으로 신고한 인장을 날인하는 것이 통상적이다.

4 계약체결 시 유의사항

1) 주체의 특정

계약이란 권리의 발생·변경·소멸_{변동}을 목적으로 서로 대립하는 2인 이상의 법률 주체가 본인들의 의사를 합치함으로써 이뤄지는 법률 행위를 의미하므로 당연히 계약체결엔 2인 이상의 주체가 필요하다.

그러므로 우선 어떤 당사자가 계약을 체결하는지 그 주체를 명확히 해야 한다. 즉 계약의 주체가 법인인지, 법인의 직원인지, 또는 개인사업자인지 등을 정확히 명기해야 한다.

2) 권리·의무의 명확화

계약체결과 동시에 각 당사자에겐 계약 내용에 따른 권리·의무가 부여된다. 추후 불필요한 분쟁 소지를 없애기 위해 계약서를 작성할 때는 각 당사자들에 대한 권리·의무를 명확히 해야 할 필요가 있으며, 육하원칙에 근거해 작성하는 것이 좋다. 즉, 계약체결에 따른 행위를 누가_{주체}, 언제 _{권리·의무 이행 시기}, 어디서 _{권리·의무 이행}

방법, 무엇을 _{권리 · 의무 이행방법,} 어떻게 _{권리 · 의무 이행방법,} 왜 _{계약이 체결된 배경} 해야 하는지 등을 구체적으로 기재하면 문제 발생 소지를 크게 줄일 수 있다.

3) 계약 불이행 시 구제방안

계약체결 이후 각 당사자가 각자의 의무를 이행하지 않거나 불완전하게 이행하는 경우를 '채무 불이행'이라고 하며, 당연히 채무 불이행자는 그에 따른 책임을 져야 한다.

채무 불이행자가 책임을 지는 방법은 여러 가지다. 상대방에게 발생한 손해를 금전적으로 배상하는 방법, 이행하지 않은 채무를 끝까지 이행하는 방법, 이행하지 않은 채무를 끝까지 이행하되 지연 행위에 대해 별도로 금전적인 손해배상을 해주는 방법 등이다. 채무 불이행자에게 손해배상을 청구하거나 채무의 정상적인 이행을 요구했음에도 불구하고, 그 당사자가 계속해 채무를 이행하지 않는 경우 상대방은 불가피하게 소송을 제기할 수밖에 없는데, 이때 계약 내용에 따라 승패가 달라진다.

4) 효력시기

존속기간을 정한 계속적 계약관계는 계약기간 만료 시에, 양 당사자가 본인의 계약상 의무를 모두 이행해야 계약이 종료하는 경우엔 각 당사자의 의무이행으로 계약이 종료된다.

한편, 계약의 갱신 또는 존속기간의 연장에 관해 별도 약정이 있는 경우엔 약정된 내용에 따라 계약이 갱신되거나 존속기간이 연장된다.

반대로 별도 약정, 혹은 관련 규정이 없다면 각 당사자는 별도 합의를 통해 계약 갱신 등의 내용을 결정해야 한다.

4 구매계약 체결 시 유의사항

① 계약당사자 간에 역할과 책임에 대하여 명확히 정의한다.

② 납기 연체 시 연체료에 대하여 명시한다.

③ 납품 완료 시 대금지불조건에 대하여 명시한다.

④ 분쟁 발생 시 해결방법에 명시한다.

⑤ 일반적으로 구매계약은 연간 기본계약 체결 후에 발주서 발부로서 계약이 완료된 것으로 본다.

⑥ 계약 내용은 표준거래계약서를 근거하여 이를 기준으로 작성한다.

⑦ 필요에 따라서는 특히 외자도입의 경우 계약서 내용을 법률회사에 자문받는 것이 바람직하다.

⑧ 계약서 내용은 오해의 소지가 없도록 자세하게 작성한다.

계약서란 분쟁의 발생을 사전에 방지하고 나아가 분쟁이 발생하여 소송으로 해결할 수밖에 없게 된 경우에 그 입증 자료로 사용하기 위한 것이다. 구매계약을 체결하는 과정에서 유의사항을 충분히 검토하여 반영해야 한다.

공정거래법과
하도급법의 이해

구매관리 업무를 위해 알아야 할 법규는 무엇인가?

오래전에 미국 공급관리자협회ISM의 CPM 자격증을 취득하기 위하여 Sherman Antitrust Act, Clayton Act, 연방거래위원회법 등의 독점금지법을 열심히 배웠다. 처음 대하는 법규라서 이해하기가 쉽지 않았지만, 시험에 꼭 나오는 중요한 내용이라서 무조건 외웠던 기억이 난다. 이제는 우리나라에서도 구매관리 업무에 관련된 법규의 이해와 준수는 필수 사항이 되었다. 꼭 알아야 할 법규는 공정거래법과 하도급법이다. 이러한 법규들은 수시로 개정되기 때문에 변경된 내용을 숙지하고 적용해야 한다.

1 공정거래법

공정거래법은 기업의 독과점으로 인한 경쟁 감소와 이로 인한

가격인상 등으로 소비자의 피해가 발생하는 것을 막기 위한 경쟁법competition law이다. 경쟁제한의 폐해가 큰 시장 지배적 지위의 남용과 부당한 공동행위에 대해서는 무거운 형벌이나 과징금을 부과하고 있다.

공정거래법은 통상 독점규제 및 공정거래에 관한 법률독점규제법을 약칭하는 용어로 사용되고 있지만 실제는 독점규제법 외에도 하도급법하도급거래공정화에 관한 법률, 약관법약관의 규제에 관한 법률, 표시, 광고법표시, 광고의 공정화에 관한 법률 등 공정거래 관련 법규를 총칭하는 개념으로 사용된다.

1) 공정거래법 역할

공정거래법은 기업의 자유로운 경제활동을 보장하고, 공정하고 자유로운 경쟁을 유지·촉진함으로써, 시장활동이 유효하게 기능할 수 있도록 환경을 정비하고자 하는 제도로서 독점규제정책의 실현을 목적으로 한다.

2) 공정거래법 개요

공정거래법의 정식명칭은 '독점규제 및 공정거래에 관한 법률'이며, 사업자의 시장 지배적 지위의 남용과 과도한 경제력 집중을 방지하고, 부당한 공동행위 및 불공정 거래행위를 규제하여, 공정하고 자유로운 경쟁을 촉진함으로써 창의적인 기업활동을 장려하고 소비자를 보호함과 아울러 국민경제의 균형 있는 발전 도모를 목적으로 한다.

3) 공정거래법 구조

공정거래법이 유지하고자 하는 경쟁조건으로서는 크게 경쟁적인 시장구조의 유지와 시장에서의 경쟁에 대한 인위적인 제약의 제거 등 2가지를 들 수 있으며, 상호 유기적이고 보완적 관계를 유지하고 있다.

공정거래법상 규제는 크게 '구조규제'와 '행태규제'로 구분할 수 있다. 구조규제는 구조적인 시장결함 및 과도한 경제력 집중을 개선하고자 하는 제도다. 행태규제는 개별기업 또는 사업자단체의 경쟁 제한적인 거래행태 및 관행을 시정하고자 하는 제도다.

공정거래법의 주요 내용은 다음과 같다.

① 시장 지배적 지위 남용행위 금지
② 경제력 집중에 따른 독점 규제
③ 불공정 거래행위 금지
④ 부당 공동행위 금지
⑤ 부당 내부거래 금지

4) 공정거래 자율준수 프로그램(Compliance Program)

기업들이 공정거래 관련 법규를 준수하기 위해서 자체적으로 제정·운영하는 교육, 감독 등의 내부 준법시스템을 말한다.

(1) CP 운영의 필요성

기업은 CP를 운영함으로써 임직원들에게 공정거래 관련 법규 준수를 위한 명확한 행동 기준을 제시하고, 법 위반을 예방함과 농시에 위반행위 여부를 조기에 발견하고 대응책을 마련할 수 있도록 해 준다.

(2) CP 운영의 주요 내용

CP는 기업별로 특성에 따라 다양하게 제정·운영될 수 있지만, 실효성 있게 운영되기 위해서는 다음의 7가지 핵심요소를 충족시킬 필요가 있다.

① 최고경영자의 자율준수의지 선언
② 자율준수관리자의 지정·운영
③ 자율준수편람의 제작·배포
④ 지속적이고 체계적인 자율준수교육 실시
⑤ 내부감독체제의 구축
⑥ 공정거래 관련 법규 위반 임직원에 대한 제재

⑦ 문서관리체계의 구축

(3) CP 운영의 혜택

공정거래위원회는 CP를 도입한 기업 중 평가를 신청한 기업을 대상으로 CP 운영실적 등을 기준으로 기업별 등급을 산정하고, CP 등급평가 결과에 따라 과징금 경감이나 직권조사 면제 등 운영 유인을 부여하고 있다.

2 하도급법

1) 하도급거래의 정의

(1) 하도급의 의미

하도급이란 "원사업자가 수급사업자에게 제조위탁, 수리위탁, 건설위탁 또는 용역위탁을 하거나, 원사업자가 다른 사업자로부터 제조위탁, 수리위탁, 건설위탁 또는 용역위탁을 받은 것을 수급사업자에게 다시 위탁을 하고, 이를 위탁받은 수급사업자가 위탁받은 것을 제조, 수리, 시공 또는 용역수행하여 이를 원사업자에게 납품, 인도, 제공하고 그 대가하도급대금를 수령하는 행위"를 말한다.

(2) 하도급거래 당사자

하도급법상 하도급거래에 있어 물품의 제조, 수리, 시공 또는 용역을 수급인에게 도급하는 자를 발주자, 발주자로부터 도급을 받아 중소기업에 하도급을 주는 사업자를 원사업자, 원사업자로부터 하도급을 받은 중소사업자를 수급사업자라 한다.

하도급법에서는 재하도급하는 것을 금지하는 것은 아니며, 재하도급거래에 있어서는 하도급의 원사업자가 발주자가 된다.

2) 하도급법 목적

하도급법하도급거래 공정화에 관한 법률은 공정한 하도급거래질서를 확립하여 원사업자와 수급사업자가 대등한 지위에서 상호보완하며 균형 있게 발전할 수 있도록 함으로써 국민경제의 건전한 발전에 이바지하는 데 그 목적이 있다.

3) 하도급법 내용

하도급법은 총 35조로 구성되어 있으며, 원사업자 의무사항, 원사업자 금지사항, 발주자의 의무사항, 수급사업자의 의무사항까지 4가지로 분류할 수 있다.

원사업자 의무	1. 서면발급, 서류보존 2. 선급금 지급 3. 내국신용장 개설 4. 검사 및 검사 결과 통지 5. 하도급대금 지급 6. 하도급대금 지급보증 7. 관세 등 환급금 지급 8. 설계변경, 물가 변동에 따른 하도급대금 조정 및 통지 9. 원재료 가격 변동에 따른 하도급대금 조정협의
원사업자 금지	1. 부당한 하도급대금 결정 2. 물품 등의 구매 강제 3. 부당한 위탁취소 4. 부당반품 5. 하도급대금 감액 6. 물품구매대금 등의 부당결제 청구 7. 경제적 이익의 부당요구 8. 기술자료의 부당 요구 및 유용 9. 부당한 대물변제 10. 부당한 경영간섭 11. 보복조치 12. 탈법행위
발주자 의무	1. 하도급대금 직접지급
수급사업자 의무	1. 서류보존 2. 계약이행보증(건설) 3. 신의칙 준수 및 원사업자의 위법행위 협조 거부

8장

체계적인
협력업체 관리

• • •

구매관리의 본질은 공급관리다. 구매관리 업무는 본인이 사용할 물건을 사는 것이 아
니라, 사용자 부서가 필요한 물품을 사는 것이다. 시장이나 백화점에서 사 오는 것이 아
니고, 협력업체에 주문을 하는 것이다.

외주관리의 목적과
외주 형태의 분류

외주관리란 무엇을 하는 것이며 어떤 형태가 있는가?

기업활동이 글로벌화하고 기업 간 경쟁이 격화되면서 많은 기업들이 제한된 경영자원을 최대한으로 활용하기 위해 외주를 이용하여 필요한 제품을 만들어 내고 있다. 요즈음 많은 기업들이 외부의 기업에 생산의 일부 또는 전부를 맡기고 있으며, 거기에서 많은 이익을 얻고 있다.

1   외주의 개념

외주란 발주기업이 자사의 특정제품이나 부품의 일부 또는 전부를 수주기업에 제조위탁하는 것을 말한다. 발주기업이 설계, 사양, 납기 등을 지정하여 수주기업에 위탁한다. 수주기업은 제조를 위탁받은 물품을 가공하거나 조립하여 발주자에게 납품함으로써 그 대금을 지급받는다.

제조업에서는 도면이나 시방서에 기재된 재료나 부품을 외부에 위탁하여 생산하도록 한다. 자사의 제품생산에 필요한 기계, 설비와 특수한 공정을 보유하고 있지 않은 경우에 외부 업체에 생산을 의뢰한다. 최근에는 외주의 저렴한 노무비를 활용하고자 위탁하는 경우도 늘어나고 있다.

| 외주관리 체계 ─────────────────────────────

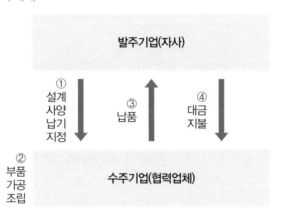

2 외주관리의 목적

기업의 환경이나 회사가 놓인 상황에 따라 다르지만, 외주관리의 중요한 과제는 품질 좋은 물품을 필요량만큼 갖춰 납기 내에 적정한 가격으로 구매하는 것이다. 외주업체와의 거래에서 원하는 비용으로 원하는 품질의 제품을 만들고 필요량을 지정 납기에 납품하는 것 중 어느 한 가지라도 충족되지 못하면, 발주기업은 큰 기회 손실을 입게 된다. 이러한 기회 손실을 찾아 미리 예방하는 것이 외주관리의 목적이다.

3 외주 형태에 따른 분류

외주 형태는 외주의 범위에 따라 달라진다. 노무비 절감을 위한 사내외주와 발주기업의 자재 제공 여부에 따라 가공외주, 부품외주로 분류한다. 조립 공정까지 포함하는 조립외주와 설계를 독자적으로 시행하여 모든 과정을 추진하는 설계포함외주가 있다.

1) 사내외주

사내외주는 생산에 필요한 원재료, 부품이나 부자재를 무상 또는 유상으로 지급하고, 외주업체 작업자가 발주기업의 설비와 기계를 사용하여 가공, 조립작업을 하는 것이다. 생산관리팀에서 제공하는 생산계획과 일자별 작업지시에 의거하여 자재팀으로부터 자재를 공급받아서 생산을 한다. 생산실적에 따라 외주가공비를 지급받는 형태다. 사내외주는 임금 차이를 이용해 원가절감을 도모하는 방식이다.

2) 가공외주

제조원가의 구성요소는 재료비, 노무비, 제조경비로 구성되어 있다. 노무비와 제조경비를 합쳐서 가공비라고 부른다. 가공외주는 발주기업이 필요한 자재를 제공하고 수주기업은 가공을 담당하는 외주 형태다. 가공외주는 원재료 구매에 어려움을 겪는 규모가 작은 기업에 주로 적용한다. 가공 내용에 따라 제관, 프레스, 절삭, 용접, 열처리, 도금, 도장 등 다수의 전문 업종이 관련된다.

3) 부품외주

기업에서 가장 많이 적용하는 외주 형태로 수주기업이 원재료부터 가공까지 진행하여 완성된 부품을 공급하는 형태다. 발주기업에서 원재료를 구매하여 지급하는 업무가 감소되므로 발주기업의 발주비와 관리가 줄어든다.

4) 조립외주

생산품목의 다양화가 이루어지면서 제조 공간 활용을 극대화하기 위하여 수주기업에서 해왔던 조립작업을 외주에 포함하는 형태다. 재료나 가공품, 구매품 등을 외주업체에서 준비하여 제품을 구성하는 전체조립Assembly이나 부분조립Unit 단위로 공급한다. 조립작업을 하던 공간을 다른 용도로 활용할 수 있으며, 작업인원의 감축과 공정재고를 줄일 수 있는 효과가 있다. 자사에서 메인 조립을 하는 경우에도 생산 리드타임이 단축되고, 좁은 공간에서 작업을 할 수 있어서 완성품 조립을 효율적으로 진행할 수 있다.

5) 설계포함외주

전문 업체의 경험과 노하우를 적극적으로 활용하여 자사의 개발비를 줄일 목적으로 설계를 포함하여 가공품, 유닛 제품, 조립품을 공급받는 것이다. 최근에 수주기업의 규모가 커지고 독자 설계능력을 확보하고 있는 경우가 많아지면서 설계포함외주가 확대되고 있다. 외주업체의 가공·조립 노하우를 활용한 설계로 품질 안정과 개발 기간 단축, 개발비 절감을 기대할 수 있다.

| 외주 형태의 분류 ─────────────

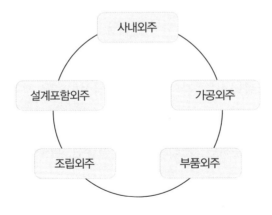

공급업체의 분류와
협력업체의 기준
어떤 공급업체가 협력업체인가?

우리 회사의 완제품을 제작하는 데 필요한 원료를 비롯한 부품, 부자재, 설비 및 소모품 등을 여러 회사에서 공급받고 있다. ERP 시스템을 사용하고 있다면 거래처 대장에 등록되어 있는 공급자들이 매우 많을 것이다. 이렇게 다양한 물품을 공급해주는 회사들 가운데 어떤 공급자를 협력업체라고 불러야 하는가?

'협력업체 관리실무' 강의를 하면서 참석한 수강생들에게 "우리 회사에 원자재나 부품, 비품 등을 공급해주는 회사를 어떻게 부르나요?"라고 질문하면 '거래처, 업체, 공급선, 외주업체, 협력업체, Vendor, Supplier, 파트너사, 협력사, BP사……' 등 다양한 대답이 나온다. 협력업체 관리를 체계적으로 하기 위해서는 먼저 협력업체에 대한 명확한 기준이 설정되어야 한다.

1 공급업체의 분류

공급업체의 분류는 여러 가지 형태로 나타나고 있으며, 일반적으로 외주업체, 일반업체, 설비·공사업체로 부른다. 외주업체는 발주자의 도면 또는 발주자가 승인한 도면에 의하여 제조한 원료, 부품 및 중간 조립품을 공급하는 업체를 말한다. 모기업의 기술·경영·품질 지도 및 육성의 대상이 되는 업체로 주로 원료나 부품 등을 공급한다.

일반업체는 발주자의 도면에 의하지 않고 규격화된 시장 제품을 생산·판매하는 업체를 말한다. 비품, 소모품 또는 일반 자재 등을 공급한다.

설비·공사업체는 생산에 필요한 시설이나 장비 및 도급 공사에

공급업체의 분류

외주 업체	모기업의 제작 도면 또는 모기업의 승인을 득한 제작 도면에 의하여 제조한 부품 및 중간 조립품을 납품하는 업체
일반 업체	모기업의 제작 도면에 의하지 않고 규격화된 시장 제품을 생산·판매하는 업체
설비· 공사 업체	생산에 필요한 시설·장비 및 설비 도급 공사 업체

협력업체
외주업체 / Supplier
거래처 / Seller
Business Partner / Vendor

참여하는 업체다.

2 협력업체의 기준

공급업체 가운데서 어느 회사를 협력업체로 볼 것인가 하는 기준은 업종의 특성과 회사 규모에 따라 달라질 수 있다. 일반적으로는 완제품을 생산하는 회사들은 주로 외주업체를 협력업체로 분류한다. 일반적으로는 포장재를 비롯한 부자재를 공급하는 회사를 협력업체로 분류하지 않으나, 제약 회사를 비롯한 다른 업종에서는 중요한 협력업체로 분류한다.

협력업체는 '우리 회사가 생산하는 완성품의 성능 및 품질에 영향을 미치는 원료나 부품을 제작하여 납품하는 외주업체 및 이에 관련된 관리대상 업체'라고 할 수 있다. 또 다른 기준은 '기업의 생산활동에 소요되는 원자재, 부분품, 소모자재, 설비, 치·공구를 발주자의 규정된 요구조건에 적합한 최적의 상태로 공급하며, 발주자와 함께 상호 신뢰를 바탕으로 분업체제 개념 하에서 공존 공영하는 기업'이다.

협력업체의 기준에 따라 현재 거래업체를 일반업체, 임시업체, 협력_{정규}업체로 분류한다. 일반업체는 협력업체의 일반현황 자료를 기준으로 등록 여부를 검토하고 거래를 하는 업체를 말한다. 임시업체는 실사평가를 통해서 평가 결과가 C등급 이상을 획득한 업체다. 정규_{협력}업체는 임시업체가 1년 이상 거래가 지속되고, 거래금액이 일정 이상이며, 당사 의존도가 20% 이상인 업체로서 정기평가 결과가 60점 이상인 업체를 말한다.

| 협력업체의 분류 ─────────────────────────────

구분	내용
일반	• '협력업체 체크리스트'를 바탕으로 등록 여부 검토 (협력업체 일반현황 자료접수, 실사는 하지 않음)
임시	• '협력업체 일반현황' 조사자료와 '실사평가서'를 바탕으로 평가 실시 (평가 결과 60점(평가등급 C) 이상 시 등록)
정규 (협력)	• 임시등록업체로 1년 이상 지속적인 거래 유지 • 연간 거래금액 2억 이상이며, 당사 의존도 20% 이상 • 경영평가 및 수행평가에 의한 평가 결과 60점(평가등급 C) 이상

또 다른 분류는 협력업체, 잠재협력업체, 일회성거래업체, 입찰참여업체로 구분한다. 협력업체는 장기육성 대상으로 정기적으로 경영평가와 수행평가를 실시한다. 잠재협력업체는 프로젝트 참여업체, 설비 공급업체, 단순부품 공급업체와 규격품이나 표준품을 공급하는 업체를 말한다. 일회성 거래업체는 단순 일회성 거래업체로선 입고 후 정산을 하는 업체다. 단순거래업체라고 부르기도 한다.

구매관리 업무에서 협력업체 관리는 매우 중요하다. 오늘날 모든 기업은 협력업체로부터 원료나 부품 등을 공급받지 않고는 단 하나의 제품도 생산할 수 없다. 우리 회사 제품의 품질 경쟁력, 고객의 납기일정 준수, 그리고 원가경쟁력 등 이 모든 것이 협력업체와 직결되어 있다.

따라서 협력업체는 우리 회사 제품에 중요한 기술을 공급해주는 회사이며, 장기적으로 협력과 협업의 대상이다. 상호 신뢰를 바탕으로 상생발전을 해야 하는 동반자 관계다.

협력업체 관리의 필요성과 핵심과제

협력업체 관리의 핵심 포인트는 무엇인가?

구매관리의 본질은 공급관리다. 구매관리 업무는 본인이 사용할 물건을 사는 것이 아니라, 사용자 부서가 필요한 물품을 사는 것이다. 시장이나 백화점에서 사 오는 것이 아니고, 협력업체에 주문을 하는 것이다. 구매는 Supply Chain에서 사용자 부서와 협력업체를 연결하는 중요한 위치에 있다.

특히 원료와 부품 중심의 제조구매는 담당하고 있는 품목을 구매하는 것이 아니라, 그 품목을 생산하여 공급하는 협력업체를 관리하는 것이다. 구매를 하는 것이 아니고 공급관리, 즉 협력업체를 관리하는 것이다.

1 협력업체 관리의 필요성

공급관리 업무를 수행하는 과정에서 납기지연을 비롯한 여러 문제가 끊임없이 발생한다. 중요한 것은 문제가 발생했을 때 그 문제를 신속하게 처리하는 일이다. 두 번째는 동일한 문제가 재발하지 않도록 하는 것이다. 재발을 방지하려면 문제 발생의 원인을 정확히 파악하고 그에 맞는 대책을 수립해야 한다. 재발 방지 대책 후에 QCD 측면에서 대책의 실효성 여부를 필히 확인해야 한다. 세 번째는 그러한 문제가 발생하지 않도록 사전에 방지하는 것이다. 예방을 위한 첫걸음은 도면이나 시방서에서 요구하는 기술 수준이나 품질을 확인해야 한다. QCD의 잠재된 문제점을 사전 파악하고 협의를 통해 사전에 대책을 수립해야 한다.

문제가 발생했을 때 신속하게 처리하고, 문제의 원인을 파악하고 대책을 신속히 수립하여 동일 문제가 재발하지 않도록 해야 한다. 더 나아가서 잠재된 문제점을 사전에 파악할 수 있도록 협력업체를 관리하고 육성해야 한다.

2 협력업체 관리의 목적

기업의 목적은 이익창출이다. 이익을 창출하기 위해서는 경쟁사보다 좋은 품질, 낮은 가격, 그리고 납기의 우위를 가져야 한다.

특히 안정적인 생산 기반은 이익창출의 중요한 요소다. 오늘날 기업은 원료나 부품의 상당 부분을 협력업체로부터 공급받고 있다. 안정적인 생산을 위해서는 협력업체에서 공급하는 원료나 부품의 납기, 품질관리가 안정적으로 이루어져야 한다. 협력업체 관리의 궁극적인 목표는 안정적인 생산을 통한 이익창출에 있다.

| 협력업체 관리 목적

3　협력업체 관리의 핵심과제

1) 협력업체 선정 및 평가

협력업체의 선정은 구매관리 업무의 첫 단계로 납기관리, 품질관리, 원가관리의 출발점이다. 구매관리 담당자들은 구입하고 있는 품목의 납기지연과 입고된 품목의 품질 문제로 인해 많은 어려움을 겪기도 하며, 원가절감 목표 달성을 위해 큰 노력을 기울이고 있다.

구입하고 있는 품목의 QCD의 근원이 협력업체이며, 해결방안도 협력업체에서 찾아야 한다. 협력업체 선정단계에서 납기를 준수할 수 있는 생산능력의 보유 여부와 품질을 보증할 수 있는 품질경영체제를 구축하고 있는지를 확인해야 한다. 재무안정성 평가를 통해 지속적인 공급 안정성과 원가절감 여력을 확인해야 한다.

2) 공급과정에서 발생하는 납기, 품질, 원가관리

구매관리에서 가장 기본적인 업무임에도 종종 문제가 발생하는 부분이 납기관리다. 정해진 납기일정을 맞추지 못해서 생산라인이 멈추기도 하며, 이로 인해 완제품 공급에 차질을 일으키기도 한다. 어렵게 공급한 원료나 부품에서 품질 문제가 발생하면 즉시 생산운영에 차질을 초래한다. 공급과정에서 발생한 납기나 품질 문제와 원가절감 실적을 데이터화하여 정기평가에 반영함으로써 협력업체가 자율적으로 관리하도록 유도해야 한다.

3) 협력업체의 육성

협력업체와의 관계에서 가장 중요한 것은 상호 신뢰를 바탕으로 동반성장하는 것이다. 공급과정에서 납기와 품질 문제가 발생하는 경우 협력업체가 독자적으로 원인을 파악하여 개선대책을 수립하고 시행하여 문제를 해결할 수 있어야 한다. 그러나 협력업체가 독자적으로 원인 파악 및 대책을 수립할 능력이 부족하고, 아이템의 특성상 다른 협력업체로 대체하기도 어려운 경우에는 교육과 지도가 선행되어야 한다. 협력업체의 육성전략 차원에서 중점 육성 대상 협력업체를 중심으로 지도해야 한다.

경영환경 변화로 품질의 수준은 더욱 높아지고, 납기는 단축되며 원가경쟁은 더 치열해지는 상황에서 생존하고 성장하기 위해서는 협력업체의 지도와 육성은 절대 조건이다.

| 협력업체 관리 핵심과제 ─────────────────────────

협력업체 선정 및 평가
- 신규업체 선정 프로세스
- 협력업체 선정 및 평가
- 양산업체의 평가 및 사후관리

핵심 과제

거래를 위한 QCD 관리
- 납기관리
- 품질관리
- 가격관리

협력업체 육성
- 협력업체 육성전략
- 협력업체 지도 및 교육
- 동반성장 전략

신규 협력업체 발굴 및 선정평가 프로세스

납기와 품질 문제는 잘못된 업체 선정에서 비롯된다.

구매관리 담당자들은 지속해서 발생하는 납기, 품질, 원가 등의 문제로 인해 많이 힘들어한다. 이러한 문제의 대부분 원인은 협력업체의 생산과 품질능력의 부족에서 비롯된다. 신규 협력업체를 발굴하고 선정할 때 생산관리와 품질관리능력을 사전에 평가해야 한다. 이러한 절차가 제대로 이루어지지 않으면 거래 이후에 많은 문제로 이어진다.

따라서 협력업체 관리의 첫 단추인 신규업체의 선정평가는 매우 중요하다. 선정평가를 통해서 우리 회사와 함께 일을 하기 위한 필요조건을 충족하는지를 판단해야 한다. 선정평가는 마라톤에서 전 구간을 완주할 수 있는 충분한 능력을 갖추고 있는지를 확인하는 것과 같다.

이를 위해서는 신규업체 발굴 및 선정을 위한 프로세스가 정립되

어 있어야 한다. 평가시트를 사전에 공지하고 직접 방문하여 평가
를 해야 한다.

1   협력업체 선정의 중요성

모든 기업에서 협력업체가 차지하는 비중은 점차 증가하고 있
다. 원가 측면에서 제조원가 구성의 50~80%를 차지하고 있다. 품
질 측면에서는 협력업체에서 공급하고 있는 부품품질의 수준이 떨
어지면 완제품의 품질 문제로 이어진다. 우리 회사가 품질관리를
잘한다 해도 부품품질의 수준이 낮으면 제품품질에 영향을 미친다.
생산계획 수립에서 부품의 공급 일정이 생산의 진행을 결정하게
되며, 납기지연은 생산 차질로 이어진다. 개발 단계에도 협력업체
의 참여가 확대되면서 개발 일정에 많은 영향을 미치고 있다. 협력
업체의 기술력과 상품성을 활용하여 제품을 개발하는 경우에는 핵

| 협력업체의 중요성

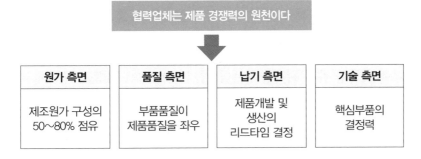

심부품이나 기술이 곧 우리 회사의 경쟁력이 된다. 따라서 협력업체는 원가를 비롯하여 품질, 납기 그리고 기술 측면에서 경쟁력의 원천이다.

2   신규 협력업체 발굴이 필요한 경우

신규 협력업체 발굴이 필요한 경우를 크게 두 가지로 나누어 볼 수 있다. 기존의 협력업체로는 대응이 어려운 경우와 이미 공급하고 있는 협력업체가 있음에도 공급 환경의 변화로 신규 협력업체를 발굴해야 하는 경우다.

기존 협력업체로 대응이 어려운 경우를 살펴보면 다음과 같다.

모든 회사들은 이미 거래하고 있는 여러 협력업체가 있다. 신규 협력업체의 발굴이 필요한 경우는 새로운 제품을 개발하면서 특허나 새로운 기술로 인해 신규로 업체를 발굴해야 하는 경우와 생산량의 증가 등 기존 협력업체의 변화가 필요한 경우로 구분할 수 있다.

첫 번째로 신제품 개발 과정에서 새로운 소재나 기술을 채택하는 경우다. 두 번째로 현재까지 우리 회사에서 생산하던 제품이나 부품 등을 신규 사업이나 투자비 제한 등을 이유로 외주화하는 경우에 적합한 업체를 찾는 경우다. 마지막으로 최근에는 고객사에서 특정한 부품이나 소재의 공급업체를 지정받는 경우도 있다. 이런 경우는 기존 협력업체가 있다 하더라도 수주받은 제품이나 프로젝트에 한해서 그 업체를 선정해야 한다.

현재 공급하고 있는 협력업체가 있음에도 새롭게 발굴해야 하는 경우는 다음과 같다.

첫 번째는 제품 판매호조로 생산량이 증가하여 현재 거래하고 있는 협력업체의 생산능력으로는 납기차질이 우려되는 경우다. 두 번째는 현재 생산하고 있는 제품의 기술변화가 예상되는 경우다. 세 번째는 품질 문제가 지속해서 발생하거나, 고객으로부터 클레임이 제기되는 경우다. 마지막으로 협력업체 정기평가 프로세스가 정립되어 있는 경우로 평가 결과가 일정한 수준에 미달하면 기존 업체를 대체할 신규업체를 발굴해야 한다.

| 신규업체 발굴이 필요한 경우

1) 신규업체 발굴의 필요성	2) 기존 업체 변화의 필요성
① 새로운 소재 ② 신규 기술·특허 ③ 신규 투자비 제한 ④ 고객 지정	① 생산량 증가 ② 제품/기술의 변화 ③ 품질 문제 ④ 긴급사항 발생(노사문제 등) ⑤ 정기평가 결과

3 신규업체 선정 절차

신규업체 선정 절차는 예비조사를 통해서 신규업체를 발굴하고, 인터뷰를 실시한다. 현장 심사를 통해 생산능력과 품질능력, 재무현황을 확인한다. 평가 결과 선정기준에 적합하면 심사보고서를 작성하여 신규등록의 승인을 받는다. 기본거래계약을 체결하고 신규업체로 등록하고, CODE를 부여한다.

| 신규업체 선정 절차 ────────────────────

1) 사전 예비조사

사전 예비조사 방법으로는 예비 업체 POOL을 활용하는 것이다. 신규업체가 필요한 경우에 POOL에 있는 업체를 선택하여 조사하면 된다. 그렇지 않은 경우에는 동종업계 종사자들에게 문의하거나 모기업의 구매담당자에게 가능한 업체를 소개받을 수도 있다.

최근에는 같이 근무하다가 다른 회사로 이직한 동료나, 다른 회사에서 근무하다가 전직한 직원을 통해서 조사하는 방법을 많이 사용하고 있다.

2) 면접조사

면접조사는 사전 예비조사를 통해 가능성이 있는 업체를 대상으로 향후 거래에 따른 필수 사항을 확인하는 것이다. 회사의 연혁 및 설비 보유현황, 개발능력 등을 면담으로 확인한다. 가능하다면 협

력업체 책임자로부터 회사현황을 알아보는 것이 좋다. 신규 기술이
나 새로운 공법 등에 대해 협의가 필요한 경우에는 면접조사 과정
에 생산 및 기술 부문을 참여하도록 하는 것이 바람직하다.

3) 현장조사

현장조사는 면접조사를 거쳐서 가능성이 있는 업체의 현장을 직
접 방문해서 평가시트를 활용하여 평가하는 것이다. 품질 부서나
개발 부서와 평가 영역별로 팀을 구성하고, 현장에 도착하면 사전
에 협의한 업무분담에 따라 평가를 실시한다.

4) 심사보고서 작성

선정평가가 끝나면 심사보고서를 작성하고, 평가기준에 의거하
여 등록 여부를 판단한다.

5) 계약체결

거래에 앞서서 기본거래계약서를 체결해야 한다. 기본거래계약서
는 하도급거래 공정화에 관한 법률하도급법에서 요구하는 사항으로
지속적, 반복적 거래를 위해서는 필수적으로 시행해야 한다.

협력업체 선정평가 항목과 기준 설정

협력업체 선정평가 시 평가항목과 기준은 어떻게 정하면 좋을까?

협력업체의 선정평가에 필요한 평가시트를 만들려고 하면 생각만큼 쉽지 않다. 평가항목은 어떤 내용으로 구성하고, 평가항목별 기준을 어떻게 하면 좋을까를 고민하게 된다. 가장 좋은 방법은 이미 시행하고 있는 동일 업종이나 유사 업종의 평가시트를 참조하는 것이다. 왜냐하면 업종에 따라 협력업체의 특성이 다르고, 관리 방법도 많은 차이가 있어서 이런 특성을 반영하여 평가시트를 작성해야 하기 때문이다.

협력업체 선정평가에 필요한 평가항목과 평가기준 설정에 대하여 알아보고자 한다.

1 협력업체 선정평가 항목 및 내용

협력업체 선정평가 항목은 업종에 따라 많은 차이를 보인다. 제조업의 경우는 크게 시스템 평가와 리스크 평가로 나눌 수 있다. 시스템 평가 항목은 경영, 품질, 생산, 기술로 구성한다. 리스크 평가는 신용도, 성장성, 안정성, 수익성, 현금흐름 항목으로 구성하며, 협력업체의 신용평가서를 바탕으로 평가한다. 시스템 평가는 항목별로 세분화하여 평가항목을 설정한다. 제조업의 경우에는 생산과 품질의 중요성을 반영하여 평가항목 점수에 가중치를 부여하기도 한다.

서비스구매의 대표 격인 IT 업종의 경우는 재무평가와 사업역량평가로 구분한다. 재무평가는 신용등급과 부채비율로 구성하고, 사업역량평가는 상시 근로자 수, 프로젝트 실적, 협력도로 구성한다.

| 선정평가 항목-제조구매

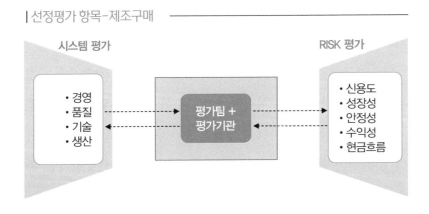

구분	평가항목	평가기준		
재무평가 (30점)	기업 신용평가	각 세부평가 항목 기준에 따름		
사업역량 평가 (70점)	컨설팅 (70점)	구축 (70점)		유지보수 (70점)
총점	100점			

2 평가항목별 적용 및 기준 설정

1) 평가항목별 적용

많은 기업들이 협력업체의 규모와 업종에 관계없이 동일한 평가 시트를 적용한다. 이런 경우에 평가의 공정성과 신뢰성에 논란의 여지가 많다. 가능하다면 협력업체 규모와 업종의 특성에 따라 평가항목을 달리 적용해야 한다.

첫 번째, 협력업체 규모에 따라 평가항목을 구성하는 것이 바람직하다.

협력업체의 규모와 관계없이 동일하게 적용하는 것이 가장 쉽고 간단할 수 있다. 그러나 협력업체의 규모가 작은 경우에는 일부 평가항목은 적용하기가 어려워 공정한 평가가 이루어지지 않을 수 있다. 따라서 협력업체 규모에 따라 평가항목을 대기업, 중견기업, 중소기업 또는 대기업, 중소기업으로 구분하여 구성해야 한다.

두 번째, 업종의 특성을 반영하여 평가항목을 구성하는 것이 바람직하다.

그러나 다양한 협력업체의 업종별로 평가시트를 준비하는 것은 현실적으로 쉽지 않다. 일부 기업에서는 평가의 신뢰성 확보를 위해 업종별로 공통 요구사항과 특성을 반영한 업종 요구사항으로 구분하여 평가항목을 설정하고 적용하기도 한다.

| 업종별 평가항목 ─────────────────────────────

구분		NO	평가항목
Ⅰ. 공통요구사항	외주부품관리	1-1	외주품/원재료 검사협정 체결 및 검사기준 적합성 관리 상태
		1-2	외주품/원재료 수입검사 및 정기검사 실시상태
		1-3	외주품/원재료 보관상태(이물 유입, 손상방지, 선입선출, 재고관리 등)
	공정관리	2-1	표준류(관리계획서, 검사기준서, 작업표준서) 작성 및 개정이력 반영 등 관리상태
		2-2	제품별 적재 수량 표준 및 취급 상태, 제품용기 관리상태, 3정 5S
		2-3	LOT 추적성 관리(원재료~완성품, 완성품 출하 등)
		2-4	중요공정 품질현황판 작성/게시 및 관리상태
	설비관리	3-1	설비 작동상태(게이지/경광등) 및 일상 점검
		3-2	설비 예방보전 활동을 위한 정기점검 실시 및 예비부품 관리상태
	검사/시험	4-1	1차 협력사 검사협정 체결 및 정기검사/시험 실시상태
		4-2	계측기 보유/관리상태, 검·교정 실시상태(게이지 R&R 포함)

구분		NO	평가항목
Ⅰ. 공통요구사항	품질경영	5-1	품질경영체제 구축/유지를 위한 조직구성 및 업무분담 관리상태
		5-2	신입/전입 작업자 및 관리자 교육(특별특성 공정 및 외국인 작업자 포함)
		5-3	품질관리 취약 시간대 관리상태(심야, 근무 교대 전후 등)
		5-4	공정/고객 부적합품 시정 및 시정조치, 유효성평가(품질목표/실적 포함)
소계			
Ⅱ. 업종요구사항	장비능력	1-1	금형 가공장비 장비 보유상태
		1-2	금형 제작 CAPA 분석상태
	전문기술력	2-1	금형설계표준 보유 및 공법설계 계획 대비 실행상태
		2-2	부품별 특성/요구기능 파악 및 적용상태
		2-3	설계장비(CAD/CAM) 보유 여부 및 CAPA 분석상태
		2-4	성형해석장비 보유 여부 및 실행상태
		2-5	기계가공(절삭) 기술표준 보유상태
		2-6	기계가공 및 사상 기술자 숙련도 평가 시행상태
		2-7	TRY OUT 실행 능력
	금형제작능력	3-1	금형제작 일정관리상태
		3-2	납기준수 관리상태(공정 LOAD 분석 및 일정관리)
	출하검사	4-1	금형 출하검사 실시상태
소계			
합계			

출처 : 〈SQ평가시트〉, 현대기아차

2) 평가기준 설정

평가기준 설정은 평가지표별로 평가항목을 몇 개로 구성하고, 평가항목별 배점을 어떻게 정할 것인가 하는 문제다.

첫 번째로 평가항목의 구성은 일정하게 3개나 5개로 설정하거나 아니면 평가항목의 특성에 따라 다르게 할 것인가 하는 문제다. 평

| 선정평가 항목 사례 ─────────────────────

NO		질의사항	점수
1-1	항목	외주품/원재료 검사협정 체결 및 검사기준 적합성 관리상태	
	요건 사항	• 외주품/원재료 검사협정 체결상태 　– 사급부품은 1차 협력사가 체결한 검사협정서 사본 접수/보관 　– 검사협정 체결이 어려운 업종은 검사기준서 수립으로 대체 　　(예 : 대기업 공급 원재료, 도금업종 등) • 외주품/원재료 검사기준 적합성(검사항목, 검사 및 측정주기, 측정방법 등) 　– 고객 사급부품도 검사기준서 수립 및 실시 　– M/SHEET 접수 및 정기적인 물성검사 실시상태 • 검사협정 내 검사항목의 관리계획서 반영상태(사급품 포함)	2
	기준	1) 외주품/원재료 검사협정 미체결 및 검사기준 미수립됨	0
		2) 외주품/원재료 검사협정/기준 설정 중이나 일부 중요항목 누락으로 품질영향 있음	0.5
		3) 외주품/원재료 검사협정/기준 설정 중이나 일부 항목 관리계획서 등 표준류와 일치 안 됨	1
		4) 외주품/원재료 검사협정 체결. 검사기준 설정 및 표준류 작성 등 요건사항 만족함	1.5
		5) 검사협정 체결. 검사기준 설정 및 표준류 연계 등 요건사항 만족하며 개정관리 우수함	2

출처 : 〈SQ평가시트〉, 현대기아차

가항목의 구성은 일률적으로 하는 것보다 평가항목의 특성에 맞춰서 구성하는 것이 바람직하다.

두 번째로 평가항목의 구성 간의 배점 기준과 간격은 어떻게 정할 것인가 하는 문제다. 예를 들어 3개 항목이라면 5점, 3점, 1점으로 할 것인지, 평가항목별 0.5~1점으로 간격을 최소화하여 적용할 것인가를 고려해야 한다. 평가항목 간 배점의 간격이 좁을수록 평가자 간의 편차를 줄일 수 있어서 평가의 신뢰성이 높아진다.

평가기준의 설정은 평가자의 입장에서만 고려하지 말고, 평가를 받는 협력업체의 상황을 반영하여 구성하는 것이 중요하다.

협력업체 정기평가의 중요성과 프로세스

선정평가보다 더 중요한 것이 정기평가다.

선정평가 이후에 더 이상 평가가 없다면 어떤 문제가 있을까? 선정평가를 입학시험에 비유한다면, 정기평가는 입학 이후에 학기마다 보는 시험이다. 학교에서 입학시험 이후에 학교를 다니는 동안 일체의 시험이 없다면 그 학교의 학생 대부분은 공부를 하지 않을 것이다. 따라서 시간이 지날수록 학업 능력이 향상되기보다는 오히려 더 저하될 수 있다.

협력업체의 지속적인 능력 향상을 위해서는 협력업체의 공급실적을 반영하여 평가하는 정기평가가 선정평가보다 더 중요하다.

1 협력업체 정기평가의 중요성

협력업체 관리의 기본은 구입품목의 납기를 준수하고, 품질기준에 적합하도록 하는 것이다. 또한 치열한 경쟁 환경에서 생존을 위하여 원가절감을 지속적으로 추진하는 것이다. 이러한 납기관리, 품질관리, 원가관리의 근원은 협력업체의 경쟁력에서 나오므로, 협력업체의 QCD의 지속적인 향상이 이루어져야 한다.

실제 납품과정에서 발생한 납기실적, 품질실적 그리고 원가절감 내역을 반영하여 정기적으로 협력업체 평가를 실시해야 한다. 정기평가 결과를 차기 발주에 반영함으로써 협력업체로 하여금 지속적으로 QCD의 향상을 추진하도록 한다. 협력업체 정기평가는 연간계획을 수립하고 체계적으로 시행해야 한다.

2 협력업체 정기평가의 특징과 목적

첫 번째는 실적을 반영하여 평가하는 것이다.

협력업체 선정평가의 목적이 협력업체로서의 적합성을 평가하는 것이라면, 정기평가는 일정 기간에 발생한 납기실적이나 품질실적 등을 반영하여 성과를 평가하는 것이다. 협력업체를 방문하여 평가한 시스템 평가에 실적평가를 반영하여 종합적으로 평가하는 것이다.

두 번째는 정기평가 결과를 반영하여 협력업체 등급을 부여함으로써 차별화하는 것이다.

정기평가의 결과를 반영하여 협력업체를 1등급, 2등급, 3등급 또는 A등급, B등급, C등급으로 분류한다. 등급에 따라 발주 비율의 조정 등 인센티브를 부여하거나, 차기 발주 보류 등 페널티를 부과한다.

세 번째는 단순히 평가에 그치는 것이 아니라, 현장 방문평가를 통하여 개선과제를 발굴하고 추진하는 것이다. 협력업체로 하여금 평가 결과를 반영하여 지속적인 개선의 동기를 부여함으로써 납기관리, 품질관리, 원가관리능력을 향상시키도록 하는 것이다. 필요에 따라 순회 방문 또는 정기 방문을 통하여 지도를 실시함으로써 협력업체의 지속적인 개선과 관리능력·향상을 추진한다.

| 정기평가의 목적

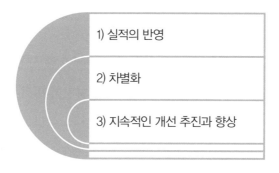

1) 실적의 반영

2) 차별화

3) 지속적인 개선 추진과 향상

3 정기평가의 대상 및 주기

정기평가는 모든 협력업체를 대상으로 실시하는 것이 바람직하지만, 평가전담팀이 구성되어 있지 않다면 현실적으로 어렵다.

따라서 기업의 상황에 따라서 기준을 정하고 정기평가 대상 업체를 선정하는 것이 바람직하다. 연간 납기실적이나 품질실적의 데이터를 반영하거나, 매입금액이나 의존도를 반영하여 평가대상 업체를 선정한다. 향후 거래중단 예상 업체의 경우는 평가에서 제외한다.

정기평가 주기는 전년도 실적을 반영하여 반기 또는 연 1회 실시한다.

4 정기평가 프로세스

정기평가를 위한 평가팀을 구성해야 한다. 평가팀은 구매관리팀을 중심으로 주로 품질팀이 참여하며, 연구소를 비롯한 기술부서도 참여하기도 한다.

두 번째로 평가팀은 평가에 앞서서 평가자료의 사전 검토가 필요하다. 평가항목과 내용을 점검하고, 경영환경의 변화를 반영하여 필요한 경우 평가항목을 추가하거나 삭제할 수 있다.

세 번째는 평가대상 기업과 방문 일정을 협의하고, 평가 내용을 사전에 제공하여 평가 준비를 하도록 한다.

네 번째는 협력업체를 방문하여 문서 점검과 현장 확인을 병행하여 평가를 실시한다.

시작 전 회의를 통해서 평가의 목적과 평가방법을 설명하고, 평가 순서를 정한다. 평가가 끝나고 나면 종료 회의를 통해서 참여한 사람들에게 평가 결과를 설명하고, 개선을 필요로 하는 경우에는 개선대책서를 제출하도록 요구한다. 평가 시작 전 회의와 종료 회의에는 가능한 한 협력업체의 최고 책임자와 해당 인원들이 참여하도록 하여 평가 내용을 공유함으로써 신속하고 지속적인 개선활동이 이루어지도록 한다.

마지막으로 평가가 완료되고 난 이후 제출한 개선대책서를 가지고 현장을 방문하여 개선 조치 사항을 반드시 확인하도록 한다.

| 정기평가 프로세스 ───────────────────

협력업체 정기평가 항목 및 내용

협력업체 정기(실적)평가에서 가장 중요한 요소는 무엇인가?

협력업체의 정기평가는 직접 방문해서 실시하는 정성평가와 실적을 반영하여 평가하는 정량평가로 구성된다. 정성평가 항목은 관리시스템 위주로 진행하기 때문에 신규업체 선정평가 내용과 동일하거나 일부 항목을 조정할 수 있다. 정량평가 항목은 납기나 품질, 가격인하 등의 실적평가 내용과 재무안정성 평가항목으로 구성한다.

정기평가의 최종적인 목적은 협력업체로 하여금 지속적인 개선을 추진함으로써 QCD의 관리능력을 향상하는 데 있다. 따라서 정기평가의 핵심 포인트는 QCD 실적을 반영하여 평가하는 것이다. 실적반영을 통하여 협력업체로 하여금 QCD 관리에 적극적으로 참여하도록 하고, 방문평가를 통하여 QCD의 부족한 부분을 파악하고, 지도와 육성을 통하여 개선하고자 하는 것이다.

정기평가의 또 다른 목적은 선정평가 이후에 협력업체의 경영환경 변화를 파악하는 것이다. 방문평가를 통하여 경영관리와 재무안정성의 변화를 파악하여 사전 예측을 통한 리스크 관리를 하는 데있다. 재무안정성의 변화는 재무제표 분석이나 신용평가서를 활용하여 주요 재무비율을 파악하여 반영한다.

1 실적평가를 위한 주요항목

실적평가는 주로 납기관련 항목, 품질관련 항목, 가격관련 항목으로 구성되며, 대응력이나 협조도 등을 추가할 수 있다. 실적평가를 위한 항목은 업종별, 규모별로 많은 차이가 있다. 실적평가 항목구성의 가장 중요한 요소는 실적 관련된 데이터가 현재의 ERP 등의시스템에서 산출이 가능해야 한다. 발주기업에서 실적관련 데이터를 관리하고 있지 않다면 정량평가를 시행할 수 없다.

1) 납기관련 실적

납기관련 실적은 납기일정 준수 여부를 평가하는 것으로 재고관리 부서나 생산관리 부서에서 관리하는 입고 실적 데이터를 활용한다. 주요항목으로는 납기준수율, 결품율, 납기지연건수, 납기지연일수율, 평균지체일수, 라인정지시간 및 서비스율이 있다. 항목별 산출식은 다음과 같다.

① 납기준수율 = (납기준수건수 ÷ 납품건수) × 100

② 결품율 = (결품건수 ÷ 청구건수) × 100

③ 납기지연일수율 = (총납기지연일수 ÷ 납품건수) × 100

④ 서비스율 = (출고건수 ÷ 출고요구건수) × 100

2) 품질관련 실적

품질관련 실적은 입고검사와 생산과정에서 발생하는 품질 이슈와 클레임 내용을 반영하여 평가한다. 품질관리와 생산관리 부서에서 제공하는 데이터를 활용한다. 주요항목으로는 수입검사 불량률, 수입검사 합격률, 공정불량률, 중요클레임 건수, 클레임비율과 무검사비율 등이 있다. 항목별 산출식은 다음과 같다.

① 수입검사불량률 = (불합격수량 or 건수) ÷ (납품수량 or 건수) × 100

② 클레임비율 = (클레임금액 ÷ 납품금액) × 100

③ 무검사비율 = (무검사품목수 ÷ 납품품목수) × 100

3) 가격관련 항목

가격관련 항목은 구매관리 부서에서 요청한 원가절감의 내역을 반영한 내용이다. 주요항목으로는 가격인하율, VE제안건수 등이 있다.

4) 업무관련 항목

업무관련 항목으로는 요구 자료 제출 여부, 각종 회의 및 교육 참여 등 협력업체의 대응력과 협조도에 대한 내용으로 구성한다.

| 정량평가 항목 사례 ─────────────────────

구분	항목	기준					배점				
		A	B	C	D	E	A	B	C	D	E
납기	납기준수율	95% 이상	85% 이상	75% 이상	65% 이상	65% 미만	10	8	4	6	2
	평균지체일수	5일 미만	10일 미만	15일 미만	20일 미만	20일 이상	10	8	4	6	2
품질	수입검사 종합 수율	99% 이상	95% 이상	90% 이상	85% 이상	85% 미만	10	8	4	6	2
	공정 불량률	0.5% 이하	1.0% 이하	1.5% 이하	2.0% 미만	2.0% 이상	5	4	3	2	1
	중요클레임 건수	0	1건	2건	3건	4건 이상	5	3	−1	−3	−5
가격	가격인하율	5% 이상	0% 이상	−5% 이상	−10% 이상	−10% 미만	20	16	12	8	4
협조도	• 약속이행상태 • 각종 회의, 교육, 행사의 참여상태 • 기타 협력 및 유대관계	매우 높다	높다	보통	약간 낮음	아주 낮음	10	8	4	6	2

정기평가를 객관적이고 명확하게 실시하기 위해서는 ERP 등을 통해서 실적 데이터가 집계될 수 있어야 한다. 협력업체별로 데이터가 시스템을 통하여 확보되지 않는다면 정기평가를 제대로 하기

어렵다. 따라서 정량평가 항목은 여러 개로 구성하는 것보다 실제 발주기업에서 산출 가능한 항목으로 운영해야 지속적으로 관리할 수 있다. 정량적 평가항목은 업종과 확보할 수 있는 데이터 내용에 따라 달라질 수 있다.

2 재무안정성 평가를 위한 주요항목

협력업체가 채무 불이행 상태에 접어든다면 납기와 품질 문제 등 많은 이슈가 발생할 수 있기 때문에 정기평가에서 필수적으로 파악해야 할 항목이다. 기업의 재무현황 파악을 위해서는 재무제표 분석이 요구되나, 최근에는 신용평가기관에서 발행하는 기업의 신용평가서를 활용하는 것이 바람직하다. 경영상황의 변화를 파악하기 위해서 주요항목으로는 재무안정성, 노무관리와 신용등급이 있다. 재무안정성 평가를 위한 항목별 산출식은 다음과 같다.

① 부채비율 = (부채총계 ÷ 자본총계) × 100 → 100% 이하면 안전하다.
② 당좌비율 = (당좌자산 ÷ 유동부채) × 100 → 높을수록 지불능력이 있다.
③ 유동비율 = (유동자산 ÷ 유동부채) × 100 → 100% 이상이면 지불이 가능하다.

④ 고정장기적합률 = (고정자산 ÷ (장기차입금 + 자기자본)) × 100 → 100% 이하면 재무적 안정성이 있다.

⑤ 총자본 대 자기자본비율 = (자기자본 ÷ 총자본) × 100% → 높을수록 회사의 재무 기반이 안전하다.

재무비율의 적정성 평가는 경영의 일반적인 기준보다는 산업의 평균비율을 기준으로 평가하는 것이 바람직하다. 한국은행에서 매년 발표하는 산업별 평균비율을 적용해야 하며, 신용평가서에 산업 평균이 제시되므로 참조하면 된다.

구입품의
효율적인 납기관리

• • •

납기지연이나 결품은 생산 부문과 재고관리 부문에 리스크를 가져다준다. 납기 문제가 발생하면 생산 부문의 계획 차질로 이어지고, 지속되면 판매 부문에 영향을 미치게 된다.

납기의 개념과
납기관리의 중요성

납기관리는 구매관리의 기본이다.

납기관리는 구매관리 업무의 기본이다. 그런데도 구매관리 업무를 하면서 가장 빈번히 발생하는 일이 납기지연이나 결품 발생이다. 납기지연은 생산일정의 차질을 초래하고, 때로는 고객의 물품 인도 지연으로 이어지기도 한다.

1   납기의 개념

납기는 발주회사의 생산이나 업무를 원활하게 지원하기 위해 공급자와 쌍방 합의에 의해 발주한 물품이나 서비스를 공급하도록 정해진 기일이다. 납기관리는 정해진 기일에 정해진 장소에 입고되도록 관리하는 일이다. 공급된 품목이나 서비스는 정해진 품질수준을 만족해야 하고, 약속된 수량만큼 납품되어야 한다.

발주기업_{모기업}과 수급기업_{협력업체} 사이에 쌍방 합의로 설정된 납기라 하더라도 여러 가지 변동요인이 발생할 수 있다. 납기 문제가 발생하면 신속한 대응조치가 필요하다. 예상되는 문제나 혹은 돌발적으로 발생할 수 있는 트러블을 신속하게 대응하여 정해진 납기를 준수하도록 하는 것이 매우 중요하다. 이를 위해 일정관리 시스템 등을 통하여 발주품의 진척 상황을 확인할 수 있도록 해야 한다.

2 납기관리의 중요성

1) 구매업무의 기본

납기관리Delivery는 구매관리 업무에서 비중이 가장 크고, 항상 시간을 다투는 일이다. 납기관리 업무가 제대로 이루어지지 않으면 사용자 부서의 업무가 정상적으로 진행되지 않으므로 많은 차질을 초래한다. 원료나 부품의 납기가 지연되면 생산부서는 생산이 중단되거나 대기가 발생한다. 설비를 비롯한 필요한 물품의 공급이 지연되면 관련된 업무를 계획대로 추진하지 못하게 된다. 따라서 구매관리 담당자는 납기 문제가 발생하게 되면 이를 해결하기 위해 동분서주하게 되면서 다른 업무도 차질을 초래하게 된다.

2) 생산라인의 중단 및 대기 발생

납기관리는 생산에 직접적인 영향을 끼친다. 납기관리가 제대로 이루어지지 않아 공급 일정에 차질이 발생하게 되면 생산라인의 중단 또는 대기 상태가 된다. 이렇게 되면 부득이 생산순서를 변경하게 되면서, 생산계획에 차질을 초래함으로써 큰 손실을 겪게 된다.

생산 지연 및 차질을 만회하기 위하여 잔업이나 특근을 하게 되면, 노무비 및 경비가 추가로 발생하게 된다.

3) 완제품의 납기지연으로 고객으로부터 신뢰성 상실 및 수주 감소

납기지연으로 인한 생산 차질수량을 잔업과 특근으로 만회할 수 있으면 다행이다. 그러나 생산차질로 인해 고객이 요구한 일정과 수량을 맞추지 못하게 되는 경우가 발생할 수도 있다. 이런 경우에는 고객으로부터 납기에 대한 신뢰성을 상실할 수 있으며, 나아가서는 오더의 취소나 발주량 조정의 페널티를 부여받음으로써 기업의 매출 및 손익에 손실을 초래하게 된다.

3 납기관리의 목적

1) 납기관리의 목적

납기관리를 통해서 생산계획을 원활하게 수행할 수 있도록 생산 활동에 필요한 물품을 필요한 때에 확실하게 납입하도록 함으로써 비능률적 손실을 사전에 방지하고자 한다. 이를 통해 원가 인상요인을 억제하고, 부품 및 재공품 등 재고를 감축시켜서 자금 운용의 효율화를 기하고자 한다.

납기관리의 목적은 원활한 생산으로 좋은 제품을 빠르고 싸게 고객에게 제공할 수 있는 체제를 갖추는 것이다.

2) 납기관리의 효과

납기관리가 잘 되면 고객만족과 원가절감의 효과를 얻을 수 있다. 납기준수를 통해서 생산기간의 단축을 가져올 수 있다. 이를 통해서 비용 절감과 생산성 향상을 도모할 수 있으며, 순조로운 생산으로 품질향상을 꾀할 수 있다.

재고관리 측면에서 큰 효과를 기대할 수 있다. 자재창고에서 부품재고의 감축을 추진하고, 생산공정에서의 재공품을 감축할 수 있으

| 납기관리의 효과 ─────────────────

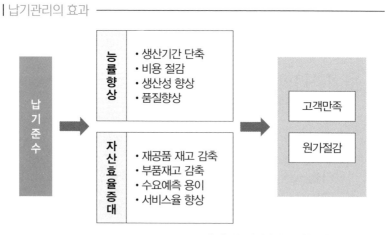

출처 : 《구매관리기본》, 한국생산성본부 교재

며, 완성품 창고에서 예측 가능한 재고관리를 통해서 고객에 대한 서비스율을 향상시킬 수 있다.

그러나 반대로 납기관리가 제대로 이루어지지 않으면 생산과정에 많은 비능률이 발생하게 되고, 재고자산의 보유로 인해 자산효율의 손실을 초래하게 된다.

납기관리의 리스크

납기관리가 제대로 안 되면 어떤 문제가 발생할까?

납기관리가 제대로 안 되면 어떤 문제가 발생할까? 납기가 지연되거나 결품이 발생하면 구매 부서만의 문제가 아니라 회사 전체의 문제가 된다. 납기지연이나 결품은 생산 부문과 재고관리 부문에 리스크를 가져다준다. 납기 문제가 발생하면 생산 부문의 계획 차질로 이어지고, 지속되면 판매 부문에 영향을 미치게 된다. 이를 방지하기 위하여 사전에 재고를 확보하게 되고, 이는 재고의 증가로 이어진다. 납기 문제로 인한 리스크를 생산관리 리스크와 재고관리 리스크로 구분하여 정리해 본다.

1 생산관리 리스크

납기가 지연되거나 품절이 발생하면 당장 생산 진행에 차질을 초래한다. 협력업체로부터 공급되는 원료나 부품이 부족하면 생산을 중단할 수밖에 없게 된다. 일정 시간 내에 공급이 된다면 작업을 중단하고 대기하게 된다. 그러나 장시간 공급이 어렵다면 부득이 생산계획을 변경할 수밖에 없는 상황이 된다.

납기지연으로 당일 생산실적이 부족하게 되면, 부득이 생산수량을 맞추기 위해서 예정에 없던 잔업이나 특근을 하게 된다. 생산부서에서 잔업이나 특근을 할 경우 작업인원의 확보에 많은 어려움이 따른다. 또한 노무비와 관리비용이 추가로 발생하면서 제조원가 상승요인이 된다. 생산계획을 변경하는 경우에는 준비교체 작업이 추가되므로 작업시간은 줄어들게 되고, 재고관리 부서는 변경된 계획에 맞추어 긴급하게 자재를 공급해야 한다.

생산관리 부서는 기업의 경영이익 확보를 위해서 생산성 향상을 추진해야 한다. 자재공급의 차질로 인해 비가동 시간이 발생하게 되면 생산 현장에서 가동률 향상이나 준비교체 작업시간의 단축 등의 생산성 향상 활동을 하기가 매우 어렵게 된다.

2 재고관리 리스크

납기지연이나 품절은 재고관리에 직접적인 영향을 미친다. 납기 문제가 지속해서 발생하게 되면 생산부서나 영업부서는 재고관리 부서에 사전 재고 확보를 요구하게 된다. 생산부서는 생산 차질을 방지하기 위해서 원자재와 부자재 등의 일정한 수량의 재고 확보를 요구한다. 영업부서는 납기차질로 인한 고객과의 신뢰도 저하를 염려해서 완제품의 재고 확보를 강력하게 요청한다. 또한 납기 지연으로 부득이 중간에 생산계획을 변경하게 되면 이미 불출한 원료나 부품이 공정재고로 남게 된다.

납기관리 차질이 지속되면 재고관리 부서는 재고를 확보하게 되면서 더 많은 보관 공간을 필요로 하고, 이로 인해 추가적인 운반 업무가 발생한다. 원료, 부품 등의 재고수량이 늘어나므로 재고금액이 증가하여 경영이익에 손실을 초래하게 된다.

| 납기 문제의 리스크와 영향

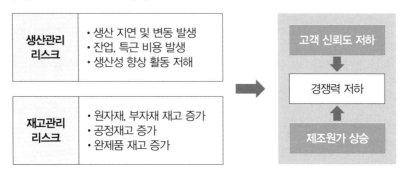

출처 : 《협력업체 관리실무》, 한국생산성본부 교재

납기지연의 원인과 대책

납기지연은 왜 발생하며, 방지 대책은 무엇인가?

약속한 납기일이나 납입시각을 지키지 못하는 납기지연은 구매 관리 업무를 하는 모든 사람들에게 괴로운 일이다. 납기지연이 발생하면 관련 부서로부터 많은 독촉을 받게 된다. 한 가지 품목이라도 납기가 문제가 되면 그 문제를 해결하는 데 집중하게 되고, 그러다 보면 다른 업무도 소홀하게 되면서 어려운 상황으로 이어진다.

납기지연을 초래해 구매관리 부서로부터 독촉을 받고 싶어 할 협력업체는 없을 것이다. 그런데도 납기 문제를 일으키는 협력업체는 같은 문제를 반복하는 경향이 있다. 납기지연이나 결품이 발생하면 협력회사 내에 필연적인 문제가 있다고 봐야 한다. 따라서 납기지연이 발생하면 전화 독촉에 그치지 말고, 납기지연의 원인을 파악해 그 문제를 해결해야 한다. 납기지연의 원인을 정확히 파악하고 대책을 수립함으로써 납기지연의 재발을 방지할 수 있다.

1 납기지연의 원인

납기지연 문제는 협력업체에서 초래하는 것으로 인식하는데 꼭 그렇다고 할 수 없다. 오히려 납기지연의 단초를 모기업인 발주 회사에서 제공하는 경우가 더 많을 수 있다. 납기지연의 원인을 발주기업 모기업과 수주기업 협력업체으로 나누어 알아본다.

.

1) **발주기업**(모기업)**의 원인**

발주기업에서 납기차질을 일으키는 첫 번째 원인은 납기 리드타임을 무시하고 무리하게 발주를 하는 경우다.

두 번째 원인은 발주 내용이 명확하게 전달되지 않은 경우다. 발주를 문서로 하지 않고 유선으로 한 경우에 커뮤니케이션의 부족으로 서로 이해한 내용이 틀려서 차질이 발생하는 경우다. 또한 서면으로 발주했음에도 첨부한 도면이나 시방서가 미흡한 경우다.

세 번째 원인은 발주를 하기 전에 구매관리 담당자가 협력업체의 생산능력을 제대로 파악하지 않고 발주를 한 경우다. 공급 가능 여부를 협력업체 영업담당자의 이야기에 의존해서 발주하는 경우다. 발주수량이 증가한 경우에 구매관리 담당자가 추가되는 물량에 대한 생산능력의 파악을 소홀히 한 경우도 납기지연으로 이어진다.

발주수량의 변동이 없는 경우에도 납기 문제가 발생한다. 그동안 납기일정에 문제가 없었더라도, 협력업체가 다른 거래처의 수주 물량 증가로 전체 생산능력이 초과된 경우다. 구매관리 담당자가 이러한 상황을 파악하지 못하면 납기 대응에 차질을 초래하게 된다.

네 번째는 모기업이 지급해주어야 하는 원료나 부품 등이 사전에 공급되지 않아서 문제가 되는 경우다. 원가절감이나 기술의 특성 때문에 모기업에서 원료나 부품을 구입하여 제공하거나 공급자를 지정하는 경우가 늘어나고 있다. 지정된 공급자가 일정 내에 원료나 부품을 공급해주지 못하면 납기차질로 이어진다.

2) 수주기업(협력업체)의 원인

수주기업에서 납기지연을 일으키는 첫 번째 원인은 생산능력을 초과한 물량을 수주한 경우다. 협력업체는 매출액 증대가 중요하기 때문에 자사의 생산능력을 고려하지 않고 고객의 발주수량을 무조건 수용하는 경향이 있다. 잔업이나 특근으로 납기를 준수하려 했으나, 인원이나 설비의 문제로 생산계획에 차질이 발생하면 납기지연으로 직결된다. 이러한 경우에는 생산설비 증설 등을 통해 생산량이 증가하지 않는 한 지속적인 납기 문제로 이어진다.

두 번째 원인은 최근에 다른 거래처의 수주량이 급증하여 우리 회사 공급물량에 영향을 초래하는 경우다. 모든 협력업체는 여러 회사에서 오더를 받아서 생산하기 때문에 생산능력의 변동이 수시로 발생한다.

세 번째 원인은 협력업체의 생산 및 현장관리능력의 문제다. 생산의 진행현황이나 생산실적의 집계가 체계적으로 이루어지지 않고, 공정관리의 진척이나 문제를 사전에 파악하지 못해서 생산일정이나 수량에 차질을 빚고 있는 경우다.

이외에도 발주수량이 적거나 단가상의 문제로 협력업체가 소홀히 하는 경우도 있으며, 때로는 경영진과 관계가 있는 협력업체의 소극적인 대응이 문제가 되기도 한다.

2 납기지연의 대책

납기지연을 사전에 방지하기 위해서는 원인을 파악하고, 이에 따른 대책을 수립해야 한다. 납기지연의 대책을 세 가지로 분류하여 정리하면 다음과 같다.

1) 조달 리드타임의 절대부족

조달 리드타임의 절대부족으로 인한 납기 문제는 구매관리에서 가장 빈번한 일이다. 사용자 부서의 긴급 요청이나 생산일정의 변경 등으로 조달 리드타임이 절대적으로 부족한 경우다. 긴급 요청을 방지하기 위해 중요한 품목은 조달에 필요한 리드타임을 관련 부서에 사전 공지해야 한다. 그리고 변동이 예상되는 생산계획이나 수주 정보를 조기에 파악하여 납기 문제가 예상되는 품목에 대해서는 협력업체와 협의해서 사전 준비를 요청해야 한다.

사용자 부서의 긴급 요청에 대해서는 협력하는 것이 원칙이다. 다른 발주품에 대한 영향을 종합적으로 판단을 하고 사용자 부서와 사전 협의를 통해서 필요한 경우는 납기일정을 조정해야 한다. 중요한 긴급 납기의 경우에는 협력업체 관계자에게 당사의 상황을 설명하고, 협력을 요청해야 한다. 그리고 협력업체에서 무리한 납기에 대응하기 위해서 필요한 사항이 있으면 적극적으로 협력해야 한다. 납기의 중요도에 따라서 필요한 경우는 구매관리 책임자가 협력업체를 방문하여 경영진에게 협력을 요청해야 한다.

2) 협력업체 생산능력 부족과 의존도

납기지연이나 결품의 가장 큰 원인은 협력업체의 생산능력 부족이다. 이를 방지하기 위해서 협력업체 선정과정이나 발주를 하기 전에 생산능력을 철저하게 파악해야 한다. 구매관리 담당자가 협력업체의 생산능력을 직접 파악하는 것이 바람직하지만, 그렇지 못한 경우는 협력업체로 하여금 자사의 생산능력을 파악하고 분석한 자료를 제출하도록 한다. 협력업체가 제출한 자료를 가지고 협력업체를 방문하여 실제 생산능력을 확인해야 한다.

생산능력 이상으로 의뢰할 경우에는 발주 내용에 우선순위를 부여해야 한다. 여러 품목을 의뢰하는 경우는 납기의 우선순위를 부여함으로써 협력업체의 제한된 설비나 조립라인의 운영을 효율적으로 진행하도록 한다.

거래 의존도가 낮은 협력업체는 그 회사의 의존도가 높은 고객거래처을 파악하고, 발주량의 증감 변화를 수시로 파악해야 한다. 필요한 경우에는 사내 재고관리부서나 생산관리 부서와 사전 협의를 통해서 재고를 확보하거나, 납기 리드타임을 감안하여 생산계획의 조정이나 변경을 요청해야 한다.

3) 협력업체 관리시스템(영세기업)

납기 문제는 협력업체의 관리능력과 밀접한 관계가 있다. 대기업이나 중견기업보다 영세기업에서 발생하는 경우가 많다. 이는 생산관리나 품질관리 시스템이 제대로 구축되어 있지 않기 때문이다. 협력업체의 규모가 작은 영세기업은 생산관리나 현장관리능력이 부족하다. 따라서 구매관리 담당자가 협력업체의 생산 현장을 직접 확인하고, 주요 품목에 대해서는 생산계획표를 제출하도록 한다.

구매관리 업무를 하다 보면 가격을 비롯한 여러 가지 사정으로 영세기업에 발주를 할 수밖에 없는 경우가 발생한다. 이런 경우에는 협력업체가 독자적으로 원인을 파악하고 문제를 개선할 수 있도록 교육과 지도를 실시해야 한다. 생산계획을 수립하고 공정관리를 체계적으로 수행할 수 있도록 지도하고, 공정 진행상황을 수시로 파악해야 한다. 필요에 따라서는 품질 부문이나 생산기술 부문 등에 요청해서 협력업체와 합동으로 개선활동을 추진하도록 한다.

납기 진도 관리 방법과
단계별 체크포인트

납기를 어떻게 관리하면 일정을 준수할 수 있을까?

구매관리 담당자는 누구나 납기일정 준수가 중요하다는 것은 잘 알고 있다. 납기지연이나 결품을 사전에 방지하고 납기일정을 준수하려면 발주 단계부터 납기를 체계적으로 확인해야 한다. 납기의 진도 관리 방법과 단계별 체크포인트를 알아본다.

1 납기 진도 관리 방법

납기 진도 관리를 위해서 전화를 이용하고, 문서를 요구하기도 하고, 협력업체를 직접 방문하기도 한다. 또한 정기적인 점검 회의를 통해서 관리하기도 한다.

전화는 즉시 확인 가능한 신속성이 있으나, 협력업체와의 신뢰관계가 부족할 경우는 정확성을 보장하기가 어렵다. 납기일정 준수의 구체적인 내용을 문서를 통해서 확인하거나 생산능력 검토 자료와 생산일정 계획표의 제출을 요구할 수 있다.

가장 좋은 방법은 협력업체를 방문하여 제조 현장을 직접 확인하는 것이다. 협력업체 방문은 바쁜 업무와 많은 시간과 비용이 소요되기 때문에 쉽지 않지만, 가능한 한 방문하는 것이 바람직하다.

최근에는 프로젝트 업무의 경우는 납기관리 시스템을 이용하여 협력업체로 하여금 단계별 납기 예정일과 진행현황을 입력하도록 한다. 또한 프로젝트 추진 일정에 맞춰서 정기적인 일정 점검 회의를 통해서 확인한다.

| 납기 진도 관리 방법

2 납기관리를 위한 단계별 체크포인트

납기 문제를 사전에 방지하려면 단계별로 필요한 항목을 확인해야 한다. 발주 단계, 협력업체 생산 단계, 출하 단계에서 확인해야 할 사항을 알아본다.

1) 발주 단계

먼저 도면/시방서에서 요구하는 특성과 품질수준을 확인한다. 수주업체가 요구 특성을 만족할 수 있는 생산설비를 보유하고 있는지를 확인한다. 요구하는 품질수준을 달성할 수 있는 품질관리 체계를 구축하고 있는지를 확인한다. 재료의 특성에 따라 독자적으로 구입 가능한지를 확인하고, 생산에 필요한 치·공구 확보 여부도 확인해야 한다.

두 번째로 발주하는 품목의 예정 납기를 확인한다. 요구하는 일정에 대응이 가능한지를 사전에 확인해야 한다. 재료 확보에 소요되는 리드타임과 금형이 필요한 경우는 제작 소요기간을 확인한다.

2) 협력업체 생산 단계

생산계획대로 진행되는지를 확인한다. 착수 예정일에 시작되었는지를 확인하고, 필요한 원료나 부품의 발주현황과 납기진행현황을 확인해야 한다.

생산을 시작한 이후에 설계변경이나 사양의 변경이 발생하기도 한다. 설계변경으로 금형이나 관련부품의 변경 내지는 신규 제작이 요구될 경우에는 추가 소요 일정을 확인하고, 이에 따른 납기일정 변경을 사전에 검토해야 한다.

생산과정에서 불량이 발생하였을 때는 원인을 파악하고, 납기일정 준수를 위해서 대체품 생산일정을 확인해야 한다. 납기 대응이 완료되면 재발 방지를 위한 대책을 수립하도록 한다.

납기일정 준수를 위해서 부단한 노력을 기울였지만, 어쩔 수 없이 납기 문제가 발생하는 상황이 되었을 때는 발주기업의 생산 차질이 발생하지 않도록 해야 한다. 우선 생산계획과 일정을 확인하고 분납으로 대응 가능한지를 확인한다. 부득이 생산계획의 변경이 필요한 경우에는 생산 관련 부서와 협의를 해야 한다.

3) 출하 단계

출하를 하기 위해 필요한 검사와 시험이 완료되었는지를 확인한다. 수주기업이 시험설비를 보유하고 있지 않아서 외부기관을 이용하는 경우는 실제 의뢰 여부를 확인해야 한다. 출하검사를 품질 부서에서 제대로 시행하고 있는지를 확인한다.

| 납기관리 단계별 체크포인트 ─────────────────────────

단계	관리 항목	체크포인트
발주 단계	도면/시방서	• 생산능력 및 품질 확보 능력 • 필요한 재료, 치·공구 확보 능력
	예정 납기 확인	• 납기 대응의 가능성 및 명확성 • 재료, 금형의 소요 일정
협력업체 생산 단계	생산현황	• 착수 예정일에 실시 여부 • 부품발주와 진행상황 확인
	설계변경 발생	• 금형 수정 및 신작 여부 • 관련부품의 변경 여부 • 변경에 따른 추가 소요일수 점검
	불량 발생	• 불량 원인 파악과 대체품 납입 일정 확인 • 재발 방지 대책서 접수
	납기지연 발생	• 라인에서 필요한 시기와 분납 가능 일자 • 다른 부품의 진행상황을 고려
출하 단계	시험(Test)	• 필요시험 진행 여부 • 시험의뢰 여부
	출하검사	• 출하검사 시행 여부

납기관리 중점 대상 협력업체와 품목

납기관리를 어떻게 하면 효율적으로 할 수 있을까?

어떻게 하면 납기관리를 효율적으로 할 수 있을까? 납기관리를 효율적으로 하기 위해서 선택과 집중이 필요하다. 담당하고 있는 모든 품목의 납기를 관리하는 것은 불가능하며, 비효율적이다. 납기지연이나 품절이 발생하게 되는 주요 원인은 협력업체의 생산능력이나 관리능력에서 비롯된다. 따라서 납기관리에 중점을 두어야 할 협력업체를 선정해서 중점적으로 관리하는 것이 효율적이다.

그리고 최근에 납기지연이 발생하는 품목과 특별히 관리해야 할 독점 품목이나 유효성이 요구되는 품목을 선정하여 관리해야 한다.

1 납기관리 중점 대상 협력업체

납기관리는 단지 품목의 일정을 관리하는 것이 아니라 해당 품목을 생산하여 공급하는 협력업체를 관리하는 것이다. 그러기 때문에 공급하는 협력업체를 중심으로 관리해야 한다. 중점적으로 관리해야 하는 협력업체는 최근에 발주수량이 증가하고 있는 협력업체와 기업의 규모나 특성 때문에 공정관리가 안정되지 않은 협력업체다. 최근에 품질 문제가 지속해서 발생하고 있는 협력업체는 납기 문제로 이어지지 않도록 중점관리를 해야 한다.

1) 최근에 발주수량이 증가하는 협력업체

발주수량이 증가하는 경우는 협력업체의 생산능력을 먼저 확인해야 한다. 그렇지 않으면 납기 문제가 될 소지가 크다. 추가되는 물량에 대해서 공급에 차질이 없을 거라는 협력업체의 답변만을 믿고 발주를 해서는 안 된다.

더구나 현재 발주수량의 공급이 원활하지 않다면 반드시 생산능력을 확인해야 한다. 생산능력의 정확한 파악을 위해서는 협력업체를 방문해서 생산을 담당하고 있는 실무자와 생산능력을 점검하고 확인해야 한다.

2) 공정관리가 불안한 업체

납기나 품질 문제가 발생하는 가장 큰 이유는 생산 현장의 공정관리가 체계적으로 이루어지지 않기 때문이다. 납기준수를 위해서 생산관리는 매우 중요하다. 협력업체에서 주간, 일일 생산계획이 수립되고 관리되어야 한다. 생산계획 대비 실적관리가 이루어지지 않거나, 공정에서 품질관리가 불안정하면 납기 문제로 이어진다.

생산의 공정관리가 체계적으로 이루어지지 않고, 현장관리자 한두 명에 의존하고 있다면 납기 문제가 발생할 가능성이 크다. 이러한 협력업체는 주기적으로 방문하여 현장을 확인해야 한다. 아울러 생산관리 및 공정관리능력 향상을 위한 지도를 병행해야 한다.

3) 품질 문제가 지속해서 발생하고 있는 업체

품질 문제가 지속해서 발생하면 납기 문제로 이어지게 된다. 품질관리 부서와 함께 협력업체를 방문하여 품질 문제의 원인을 파악해야 한다. 발생요인이 작업자, 설비, 원재료, 작업방법 가운데 어디에 있는지를 확인해야 한다. 생산능력이 부족하면 시간에 쫓기어 품질 문제로 이어지기 때문에 생산능력도 확인해야 한다.

2 납기관리 중점 대상 품목

납기관리는 예방이 가장 중요하다. 납기 문제의 조짐이 있으면 초기에 집중관리를 해서 더 이상 확대되지 않도록 해야 한다. 그러기 위해서 다음과 같은 품목은 납기관리를 중점적으로 시행해야 한다.

1) 최근에 납기지연이 지속하여 발생하고 있는 품목

초기부터 납기지연이 발생하고 있다면 업체 선정이나 발주 단계에서 협력업체의 생산능력을 제대로 파악하지 못했기 때문이다. 납기관리의 문제가 없었던 협력업체에서 최근에 납기지연이 발생하면 가능한 한 이른 시일 내에 방문하여 전체 생산능력을 확인해야 한다.

대부분의 협력업체는 여러 거래선에 공급하고 있기 때문에 다른 회사의 발주수량을 포함한 전체 생산능력을 검토해야 한다. 생산능력이 부족하다고 판단될 경우에는 대책을 수립해야 한다. 단기간 내에 생산능력 확보가 어렵다고 판단되면 관련 부서와 협의를 거쳐서 공급 이원화를 추진해야 한다.

2) 다른 업체로 대체하기가 곤란한 품목

협력업체로부터 공급받는 품목 가운데 다른 업체로 대체하기가 어려운 품목이 있다. 특허나 기술 문제가 있는 품목과 고객 지정 품목은 정해진 업체 외에는 공급받을 수가 없다. 이러한 품목은 재고관리와 연계하여 납기관리를 해야 한다. 안전재고를 확보하고 재발주점을 설정하여 발주하도록 한다.

3) 부품의 사이즈가 크거나 유효기간으로 보관하기 어려운 품목

부품의 사이즈가 큰 경우는 보관장소의 문제로 많은 수량을 보관할 수가 없다. 따라서 이러한 품목은 신속한 공급을 위해서 가까운 거리에 위치한 업체를 선정해야 한다. 또한 유효기간이 설정되어 있는 품목도 일정 기간 내에 소진해야 하기 때문에 특별 관리가 필요하다. 이런 품목은 사용기간이 짧기 때문에 재고를 확보하기도 어렵다. 유효기간이 짧은 품목은 가능한 한 복수업체를 선정하여 운영하는 것이 바람직하다.

4) 조달기간이 장기간 요구되는 품목

조달기간이 장기간 요구되는 품목은 주로 해외에서 구입하는 품목이다. 안정적인 납기관리를 위해서 발주 리드타임을 감안한 재고를 보유해야 한다. 발주에 소요되는 리드타임을 사용자 부서와 공유하고, 영업부서는 발주 리드타임을 감안하여 고객과 납기일정을 협의해야 한다.

구입품의
안정적인 품질관리

...

품질은 공급하는 회사의 조직, 제품, 또는 서비스의 일관성을 보장하는 것으로, 하루아침에 구축되지 않는다. 협력업체에서 품질 문제가 발생하면 먼저 품질관리 수준을 정확하게 파악하고, 품질조직의 구성과 역할을 점검해야 한다.

외주품질의 중요성과
품질 문제 발생 시점

구매관리에서 품질관리는 왜 중요한가?

구매관리 업무에서 구입하는 품목의 품질관리는 빼놓을 수 없는 중요한 업무다. 치열한 경영환경에서 이익을 확보하기 위해서 외주화가 계속 확대되면서, 외주로부터 구입하는 원료나 부품 등이 점차 확대되고 있다. 자사 제품의 품질 확보를 위해서 외주품질의 관리는 매우 중요한 요소가 되었다. 외주품목의 품질 문제는 일차적으로 수입검사 과정에서 발생하고, 제조과정과 제품을 출하한 이후에도 발생한다.

1 외주품질의 중요성

기업에서 제품의 품질의 중요성은 아무리 강조해도 부족하다. 품질은 마케팅에서 우위를 차지할 수 있는 가장 중요한 요소 중의

하나다. 외주화 경향이 늘어나면서 협력업체로부터 공급받는 원료나 부품의 품질이 차지하는 비중은 점점 더 커지고 있다. 또한 기술이 급속하게 발전하고 공급자가 국내에서 글로벌로 확대되면서 외주품질 관리의 중요성은 더 커지고 있다.

부품품질의 결함이 완제품의 품질 문제로 이어지게 되면 판매 차질을 일으키고, 고객의 신뢰에 영향을 미치게 된다. 외주품의 품질 관리는 제품품질을 결정하는 근본이 되며, 이를 효율적으로 관리하는 것은 매우 중요하다.

| 외주품질의 중요성 ────────────

- 외주화의 확대
- 기술의 급속한 발전 및 기술모방의 신속화
- 공급선의 글로벌화
- 품질에 대한 고객의 기대

부품품질이
제품품질이다

2 구입품의 품질 문제 발생 시점과 대책

협력업체에서 공급한 원료나 부품의 품질 문제가 발생하는 시점은 세 가지 경우다. 첫 번째는 품질 부서에서 실시하는 수입검사 단계에서 불합격 판정을 받는 경우다. 반품하는 것이 원칙이지만, 대체품 공급이 어렵다고 판단되면 선별작업을 거쳐 양품만을 입고하도록 한다. 수정작업이 가능한 경우는 문제가 된 부분을 수정하여 입고 처리한다.

두 번째로는 생산라인에 투입된 이후에 작업과정에서 부적합 사항이 발생하는 경우다. 수입검사에서 샘플링 검사방식을 채택한 경우에 미처 발견하지 못한 부적합품이 입고되었기 때문이다. 조립작업의 경우에 구입품의 품질 문제가 없음에도 불구하고 조립되는 상대물과의 공차 등의 문제로 인해 작업이 어려운 경우가 발생한다. 생산 현장의 신속한 작업진행을 위해서 문제가 되는 부품을 교체하거나, 작업방법을 변경하여 대응한다. 근본적인 대책으로 조립공차의 변경 등이 필요한 경우에는 설계변경을 실시한다.

세 번째는 제품이 출하된 이후에 필드에서 품질 문제가 발생하는 경우다. 수입검사에서 발견하기 어려운 구입품의 품질 문제가 일정한 사용기간을 거치면서 발생하는 경우도 있고, 사전에 확인

| 품질 문제 발생 및 대응 방안

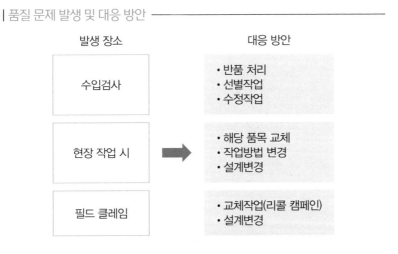

하지 못한 설계상의 결함이 뒤늦게 발견되는 경우도 있다. 이런 경우에는 리콜 캠페인을 통하여 신속하게 고객들에게 내용을 알려주고, 교체작업을 실시한다. 설계변경이 필요한 경우에는 설계변경을 시행한다.

일단 품질 문제가 발생하면 신속한 대응으로 문제가 확대되지 않도록 해야 한다. 가장 좋은 방법은 협력업체가 독자적으로 문제 발생의 원인을 조사하고 대책을 수립하는 것이다. 독자적 해결 능력이 부족한 경우에는 모기업과 합동으로 원인을 조사하고 대책을 수립하도록 한다.

품질의 개념과 분류

품질관리는 구매관리의 필수 요소다.

신입사원 시절에 구매관리 업무를 담당하면서 납기관리도 제대로 못 해서 쩔쩔매고 있는데, 품질 문제까지 발생하면 어떻게 해결해야 할지를 몰라서 너무 당황스러웠다. "품질 문제는 품질관련 부서에서 해결해야지, 왜 구매담당자에게 대책을 요구하는 거야?"라고 혼자서 투덜거리곤 했었다. 품질에 관한 지식이 전혀 없었기 때문에 문제 해결보다는 책임을 품질 부문으로 돌리고 싶었던 것이다.

1 품질 개념의 정의

품질의 사전적 의미는 물품의 성질, 우수성의 정도를 말한다. 원래 품질이란 뜻의 quality는 라틴어의 qualitas에서 유래한 것으로 '제품의 유용성을 결정하는 특성 또는 제품의 사용목적을 다하기 위해서 구비해야 할 특성'이다.

품질에 대한 정의는 여러 가지로 표현되고 있으며 그 의미 또한 산업의 발전과 함께 변하였다. 단순히 제품의 규격 대비 합격, 불합격의 의미에서 제품의 기능 유무, 사용목적의 적합성과 고객이 원하는 것으로 바뀌었다.

제품의 품질은 그것을 사용하게 될 고객에 의해 평가되므로 소비자의 사용목적이나 조건에 맞는 품질이 결국 좋은 품질이다. 동일한 제품이라 하더라도 고객의 요구가 변함에 따라 품질의 기준이 바뀔 수 있다. 따라서 '최고, 최상'의 품질이 아니라 '최적'의 품질이 좋은 품질이다. KS 3001에서는 '제품 또는 서비스가 명시적 또는 묵시적 요구needs를 만족시키는 능력이 있는 특징 또는 특성의 총체'라고 명시했다.

생산자 관점의 품질은 '규격의 일치성'이다. 제품이 설계명세서도면에서 요구하는 사항을 얼마만큼 제대로 충족시켰는가를 나타내는 것이다.

사용자 관점의 품질은 '사용 적합성'이다. 고객이 제품을 사용함으로써 얻고자 하는 목적이 성공적으로 달성되는 정도를 나타내는 것이다. 사용하는 제품에 대한 고객의 만족 정도를 의미하는 것이다.

궁극적으로 품질이란 '고객과의 약속'이며 '고객 요구수준에 대응'을 의미한다고 할 수 있다. 따라서 외주품질관리 관점에서 본다면 검사기준을 충족하고 더 나아가 요구수준에 대응하도록 해야 한다.

2 품질의 분류

품질은 무엇보다도 고객의 만족도가 기준이 되어야 한다. 품질의 분류는 요구품질, 설계품질, 제조품질, 시장품질로 나눈다. 최근에는 제품 이외의 IT, 물류 부문에서도 품질을 중시하고 있으며, 이를 서비스 품질로 분류한다.

1) 요구품질(Quality of Requirement)

소비자의 기대품질로서 당연히 있어야 할 품질을 의미한다. 이것이 바로 그 제품에 대한 소비자의 요구라고 할 수 있다. 소비자의 요구를 정확하고 광범위하게 조사하고 이것을 토대로 제품이 당연히 가지고 있어야 할 품질특성을 규정한 후 품질에 실현되도록 노력해야 한다.

2) 설계품질(Quality of Design)

설계품질이란 제품의 설계가 얼마나 고객의 요구에 맞도록 이루어졌는가를 의미한다. 이것은 시장조사, 설계 개념 및 규격에 의해 결정된다. 설계품질은 도면시방서에 표기되며, 품질의 기준이 된다.

자사의 기술, 제품의 가격, 설비능력이 요구품질을 실현할 수 있다고 판단되어 제품의 설계에 반영한 품질특성이다. 즉, 요구품질을 실현하기 위하여 제품을 기획하고 그 결과를 시방으로 정리하여 표현한 품질이다. 이처럼 합당한 제품이 결정되면 제품의 품질을 설계에 반영한다. 설계에는 제품의 도면과 가공 및 조립방식, 재료 등 품질에 관한 시방을 결정하여야 한다.

3) 제조품질(Quality of Conformance)

제조품질은 적합품질이라고도 하며, 생산된 제품이 설계규격에 얼마나 적합하게 제조되었는가를 나타내는 것이다. 즉, 생산된 제품이 설계품질에 일치하는 정도를 의미한다. 일반적으로 제품품질은 공정산포의 원인이 되는 4M Man, Machine, Material, Method에 영향을 받는다.

현장의 품질관리는 제품품질이 설계품질의 허용 공차를 벗어나면 불량으로 판정된다. 따라서 기술적, 경제적으로 허용하는 범위 내에서 제조품질을 설계품질에 합치시키려는 노력을 통해서 품질이 향상되도록 해야 한다. 제품품질의 최종 평가는 고객이 하므로 변화를 만족시키는지를 자주 확인해야 한다.

4) 시장품질(Quality of Market)

시장품질은 제조품질과 설계품질이 합치된 합격품이 출하되어 소비자가 사용하는 동안 만족을 주는 품질이다. 특히 시장품질은 물리적, 화학적 특성뿐만 아니라, 가격, 취향, 소득수준, 심리적 요인 등이 복합적으로 반영되기 때문에 최적품질수준 결정이 어렵다.

5) 제품 이외의 서비스 품질

현재의 추세는 제품을 직접 취급하지 않는 기업도 자사가 제공하는 서비스 등을 품질이라 생각한다. 제품에 따라서는 소프트웨어도 결국은 전체적으로 기능을 제공하고 있는 것이다. 운송, 통신, 정보 등도 사용자에게 기능을 제공하는 것이므로 제품의 품질과 기본적으로 같다고 보는 것이다.

오늘날 기업의 제품에서 부품품질이 차지하는 비중은 매우 높다. 많은 기업들이 부품품질의 문제로 인하여 판매된 제품의 리콜을 실시하기도 한다. 부품품질이 제품품질을 좌우한다고 해도 과언이 아니다. 따라서 구입품의 품질관리는 기업경쟁력과 직결된다.

일반적으로 품질의 수준을 결정하는 것은 개발 단계의 설계품질이다. 고객이 요구하는 제품의 성능, 품질, 제조원가 및 시장의 반응 등, 이 모든 것을 결정하는 단계가 설계와 개발 단계다. 이를 위해 유능한 인력 확보와 역량 강화 및 개발품질에 대한 철저한 관리가 필요하다.

협력업체 품질관리 수준과
품질조직의 진단

협력업체의 품질관리 수준을 어떻게 판단하면 좋을까?

품질 문제는 발생하면 해결하기가 쉽지 않다. 납기 문제처럼 잔업이나 특근으로 단기간 내에 해결이 어렵다. 품질은 공급하는 회사의 조직, 제품, 또는 서비스의 일관성을 보장하는 것으로, 하루아침에 구축되지 않는다.

협력업체에서 품질 문제가 발생하면 먼저 품질관리 수준을 정확하게 파악하고, 품질조직의 구성과 역할을 점검해야 한다. 그리고 품질 문제를 해결할 수 있는 능력이 있는지를 진단해야 한다.

1 품질관리 단계

품질 문제는 단순히 부품의 문제라기보다는 회사의 품질관리 수준의 문제다. 품질관리 단계는 QC품질관리 단계, QA품질보증 단계,

QM품질경영 단계, TQM전사적 품질경영 단계로 나누어진다.

1) QC 단계

QCQuality Control, 품질관리 단계는 생산된 제품이 규격에 맞는지를 정확하게 검사하고, 데이터를 측정하는 단계다. 측정한 데이터가 규격을 벗어나면 부적합으로 판정한다. 부적합 요인이 공정에서 어떤 요소 때문에 발생했는지를 파악하고 해결방안을 추진해야 한다. 즉, QC 단계는 '현장 위주와 사람 중심'의 실무적인 품질관리를 수행하는 것이다.

2) QA 단계

QAQuality Assurance, 품질보증 단계는 QC와 같은 실무적인 업무와 다르게 고객들에게 "우리 제품은 규격에 맞게 정해진 절차서대로 만들어졌다"라는 것을 보증할 수 있도록 프로세스를 문서화하고, 실제 업무를 정해진 절차대로 하는 것이다. 제품의 품질을 보증하고 문서적으로 증명하는 관리다. 주로 ISO 9001품질경영시스템을 기준으로 품질보증 서류를 관리한다. 다시 말해서 ISO 인증을 받았다는 것은 QA 단계라고 볼 수 있다. 현장에서 QC 공정도나 관리계획서를 확인하고, 작업표준서 등의 표준업무 진행 여부를 확인해야 한다.

품질관리는 결함을 식별하고 수정하는 것을 목표로 하고, 품질보증은 결함을 방지하기 위한 활동이다.

3) QM 단계

QMQuality Management, 품질경영 단계는 QC와 QA를 포함하는 상위개
념으로 볼 수 있다. 측정하고 검사한 데이터를 바탕으로 어떻게 하
면 품질을 더 높일 수 있는지에 대해 분석하고 품질개선 전략을 수
립하는 단계이다. QM 단계에서는 최고경영자가 품질방침을 수립
하게 되어 있다. 이는 최고경영자가 경영에서 품질을 최우선으로
직접 관리하고 있다는 의미다. 경영회의에서 관리하고 있는 품질
분야 KPI 항목을 체크해야 한다.

4) TQM 단계

TQMTotal Quality Management, 전사적 품질관리 단계는 운영, 제품, 서비스
의 지속적인 개선을 통해 고품질과 경쟁력을 확보하기 위한 전 종
업원의 체계적인 노력을 말한다. 단순히 제품기능의 결함을 발견하
고 그것을 제거하는 것 이상을 뜻하는 것으로, 품질향상을 달성하
기 위해 기업의 혁신적인 경영기법으로 활용할 수 있다.

TQM은 프로세스process를 평가하기 위해 분석하며, 지속적으로
개선을 추구한다. 또한 조직이 변화될 때도 일관성 있게 변화하며,
지속적으로 종업원을 교육한다. 따라서 TQM이란 품질을 통한 경
쟁우위를 확보하기 위하여 고객만족, 인간성 존중, 사회에의 공헌

을 중시한다. 최고경영자와 전 임직원이 끊임없이 혁신에 참여하여 기업문화의 창달과 기술개발을 통해 기업의 경쟁력을 제고함으로써 장기적인 성장을 추구하는 경영체계라고 할 수 있다.

| 품질관리 단계 ────────────────

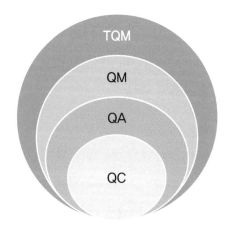

2 품질관리 조직과 역할

협력업체의 품질관리 수준을 파악하기 위해서는 먼저 품질조직의 구성 여부를 확인한다. 그리고 그 품질조직이 수행하고 있는 품질관리 업무 내용을 상세하게 파악한다.

1) 품질조직의 구성 여부를 파악한다.

품질조직이 구성되어 있지 않다면 품질관리를 시행하고 있지 않다고 판단해야 한다. 품질조직이 구성되어 있다면, 품질조직의 독립 여부를 확인한다. 품질조직이 독립되어 있지 않고 다른 부서의 한 파트로 되어 있다면, 발생한 품질 문제가 최고경영층까지 보고되지 않을 수도 있다.

또한 품질조직에서 품질 업무를 수행하는 인원의 적정성도 매우 중요한 포인트다. 거래하는 고객사는 여러 곳인데 품질인원이 적다면 품질관리 업무가 근본 원인의 개선보다는 이미 발생한 문제의 대책수립 위주로 추진하게 된다.

2) 품질조직의 실제 업무 형태를 점검한다.

현재 하고 있는 품질관리 업무 내용을 확인해야 한다. 이미 발생한 품질 문제 해결 위주로 진행하고 있는지, 근본 원인을 파악하고 대책을 수립하고 있는지를 점검한다. 또한 품질관리가 공정품질 관리까지 수행하고 있는지, 겨우 출하검사에 머물러 있는지를 파악해야 한다.

품질조직의 업무 내용은 이미 발생한 품질 문제의 대책수립과 향후 품질 문제 발생의 억제와 사전 예방에 매우 중요하다.

3) 공정의 품질관리 시행 여부와 내용을 확인해야 한다.

안정적인 품질 확보는 공정에서 이루어진다. 실제 작업을 담당하고 있는 작업자가 품질의식을 가지고 공정에서 자주검사를 시행하는 품질관리체제가 정착되어야만 품질 안정을 가져올 수 있다.

따라서 공정품질 관리 시행 여부를 확인해야 한다. 공정품질관리를 시행하고 있다면 실제 어떻게 하고 있는지를 확인해야 한다. 현장에서 자주검사와 초·중·종물 검사를 하고 있는지를 확인해야 한다.

4) 품질개선 활동의 시행 여부를 확인한다.

고객으로부터 품질 문제를 접수하면 어떤 Flow로 누구까지 피드백하는지를 확인해야 한다. 그 문제 해결을 위한 개선대책은 어떤 절차로 수립되는지를 확인해야 한다.

품질개선 대책회의를 시행하고 있다면 주관 부서는 어디며, 참석 대상자들은 누구인가를 파악해야 한다. 품질개선이 제대로 이루어지기 위해서는 공정품질을 담당하고 있는 현장관리 책임자들이 참

| 품질관리 조직과 역할 ─────────────────

1. 품질관리 조직의 구성 여부
  1) 품질관리 조직의 구성 여부
  2) 품질관리 조직의 독립성
  3) 품질관리 담당 인원의 적정성

2. 품질관리 조직의 역할 및 업무 내용
  1) 클레임 등 품질대책업무 위주
  2) 출하검사 위주

3. 공정품질관리 시행

4. 품질개선 활동 추진 여부

석해야 한다. 품질 문제를 해결하기 위해서는 현장관리자와 엔지니어들이 협력하여 대책을 강구해야 한다.

고객의 요구품질 수준이 계속해서 높아지기 때문에 품질 문제는 계속 발생할 수밖에 없다. 품질 문제의 사전 예방과 신속한 개선을 위해서는 공급하는 협력업체가 품질관리를 시행하고 개선활동을 해야만 한다.

따라서 협력업체 선정단계에서 품질관리 단계와 품질관리 수준을 정확하게 파악하는 일은 매우 중요하다. 품질 문제가 발생했다면 협력업체를 방문하여 품질관리 단계를 점검하고, 품질조직이 하고 있는 업무를 상세하게 진단해야 한다.

협력업체의 안정적인
품질 확보를 위한 체크포인트

협력업체에서 품질 문제가 발생하는 이유는 무엇인가?

흔히들 품질 문제는 검사를 철저히 하면 사전 예방이 가능하다고 생각한다. 그렇지 않다. 품질 문제는 그 회사의 품질보증 시스템 구축과 밀접한 관계가 있다. 품질시스템 구축은 하루아침에 이루어지지 않는다. 그렇기 때문에 품질 문제가 발생하면 쉽게 해결되지 않고, 반복적으로 일어난다.

협력업체의 안정적인 품질 확보를 위해서는 품질관리 조직과 시스템이 구축되어야 한다. 그리고 개발 단계에서 품질 확보가 이루어져야 하며, 양산 이후에는 공정에서 철저하게 이행해야 한다.

1 품질조직 및 품질보증 시스템 구축 여부를 확인하자.

1) 안정적인 품질관리를 위해서 품질조직은 매우 중요하다.

품질관리 조직이 제대로 구성되어 있지 않다면 품질의 안정화를 기대할 수 없다. 따라서 품질조직의 구성 여부와 적정성을 확인해야 한다. 품질조직이 독립되어 있는지 아니면 제조 부문 등 다른 부분에 포함되어 있는지를 확인한다.

품질조직의 인원의 적정성도 확인해야 할 중요한 포인트다. 품질관리의 특성상 수입검사, 공정검사, 출하검사를 시행할 수 있도록 인원이 확보되어야 한다. 가능하다면 고객사별 품질 문제에 대응할 인원도 확보되어야 한다. 품질관리 조직이 구성되어 있지 않다면 품질 문제가 발생해도 조속히 해결하기가 어렵다. 또한 동일 문제가 반복적으로 발생할 가능성이 매우 크다. 따라서 품질관리 조직이 없다면 신설을 강력하게 요구하고, 품질관리 조직이 독립되어 있지 않거나, 인원이 부족하다면 조직의 변경과 충원을 요청해야 한다.

2) 품질보증 시스템을 확인하자.

품질보증 시스템은 지속적이고 안정적으로 품질을 관리할 수 있는 체계를 말한다. 제조공정의 모든 작업을 표준화된 프로세스로 진행하고, 공정마다 작업표준과 관리 기준이 설정되어 있어야 한다. 정해진 프로세스와 작업표준을 준수함으로써 작업자가 교체되더라도 품질 문제가 발생하지 않도록 해야 한다. 따라서 품질관리를 위한 작업표준서나 QC 공정도 또는 관리계획서 등 표준류가 작성되어 있고. 그것을 준수하고 있는지를 확인한다.

3) 5S 관리상태를 확인하자.

5S 활동은 생산과 품질의 기본이다. 정리 정돈이 되어 있지 않고, 깨끗하지 않은 공정에서는 품질을 보증할 수 없다. 5S 활동은 생산 현장의 정리, 정돈, 청소, 청결과 표준과 규정을 지키는 습관화를 의미한다. 5S 활동은 품질 확보의 기초단계다. 제조 현장에서 5S 활동이 체계적으로 시행되고, 정기적으로 점검하고 있는지를 확인한다.

2 개발 단계의 품질 확보 체계를 확인하자.

제품기획 단계에서 양산 단계에 이르기까지 전 부문이 추진해야 할 품질 활동계획을 수립해야 한다. 이를 관련 부서의 상호협조 및 지원 하에 철저히 수행함으로써 양산에 필요한 품질을 사전에 확보해야 한다. 개발 단계에서 품질을 확보하지 못하면, 양산 이후에는 생산수량과 납기에 쫓기게 되어 품질 문제를 해결하는 데 많은 어려움을 겪게 된다. 양산에 필요한 4M Man, Machine, Material, Method 이 확보되었는지를 확인한다.

개발 단계에서 품질 확보를 위한 중점관리 항목을 선정하고, 사전품질 계획을 수립하고 4M 품질활동으로 부품제조 공정을 승인하는지를 확인한다.

3 공정에서 시행하는 품질관리를 확인하자.

1) 공정에서 품질을 데이터로 관리하고 있는지를 확인하자.

안정적인 품질은 공정과 작업자의 손끝에서 결정된다. 따라서 공정품질관리는 매우 중요하다. 공정에서 품질을 데이터로 관리하고 있는지를 확인한다. 무엇보다도 공정품질은 표준과 데이터로 관리되어야 한다. 데이터에 의한 품질관리가 이루어지지 않는다면 공정품질관리를 제대로 하고 있지 않은 것이다. 공정품질 확보를 위한 작업표준서를 비롯한 품질관리 표준은 정해져 있으며, 제대로 준수하는지를 확인한다.

2) 품질관리 조직의 공정품질 활동을 점검하자.

우리 회사에 발생한 품질 문제가 공정에 제대로 피드백되는지를 확인한다. 품질 문제가 공정과 작업자에게서 초래되었다면 제대로 전달되었는지를 확인한다. 피드백이 제대로 되지 않는다면 품질개선을 기대하기 어렵고, 동일 문제가 재발할 수 있다.

수입검사와 공정검사 또는 필드에서 발생한 품질 문제의 해결을 위해서는 발생한 품질 문제가 협력업체의 공정까지 피드백되어야 한다. 발생한 품질 문제에 대한 교육과 훈련을 주기적으로 시행하고 있으며, 공정의 품질 감사도 주기적으로 시행하고 있는지를 확인한다.

품질관리 단계별 점검 항목

협력업체의 품질 문제의 원인 파악과 대책은
어떻게 수립하나?

협력업체에서 납품한 원료나 부품이 입고검사에서 불합격 판정을 받는 경우가 종종 있다. 협력업체에서 동일한 검사기준서로 출하검사를 실시했는데 불합격 판정을 받는다는 것이 선뜻 이해되지 않는다. 협력업체의 품질관리 단계는 출하검사, 공정검사, 수입검사, 그리고 발생한 문제를 해결하기 위한 대책수립 단계로 나눌 수 있다. 문제가 발생하는 원인을 단계별로 파악하고, 그에 따른 대책을 수립하기 위하여 점검해야 할 포인트가 무엇인지를 알아보자.

1 출하검사의 시행 여부를 확인한다.

협력업체는 양품의 원료나 부품을 공급하기 위해 출하검사를 실시해야 한다. 절차에 따라 출하검사를 제대로 실시하고 있는지,

아니면 단지 검사성적서만 작성하는지를 확인한다. 이를 위해서 먼저 검사성적서 작성 여부와 작성 과정을 확인한다. 품질담당이 출하검사를 실시하고 검사성적서를 작성해야 한다. 또한 검사성적서는 언제나 추적이 가능하도록 보관되고 있는지를 확인한다.

검사 결과가 합격률 내지는 불합격률의 품질 데이터로 관리되어야 한다. 특히 불합격에 대해서는 불량 요인별로 분석 데이터가 있어야 하고, 이에 대한 개선대책도 추진되어야 한다.

2 공정검사의 시행 여부를 확인한다.

모든 품질은 공정에서 작업자와 설비, 자재 그리고 작업방법에 의해서 결정된다. 공정에서 품질관리가 시행되지 않으면 안정적인 품질 확보와 지속적인 개선을 이룰 수가 없다.

따라서 공정검사의 시행 여부를 반드시 확인해야 한다. 공정에서 작업자에 의한 검사, 즉 '자주검사'가 이루어지고 있는지를 확인해야 한다. 작업자가 본인이 만든 물건을 다음 공정에 전달하기 전에 스스로 검사를 한다는 것은 품질에 대한 책임감과 자부심을 갖고 있다는 것이다.

작업자가 자주검사를 시행하고 검사자가 재확인하여 품질에 만전을 기하는 초물·중물·종물 관리 시행 여부도 확인해야 한다. 자주검사와 초물·중물·종물 검사를 체계적으로 시행하고 있다면, 공정품질관리가 정착되어 있다고 판단할 수 있다.

최근에는 완벽한 공정품질 확보를 위해 공정 간에 Fool Proof 장치를 설치하여 검사를 시행하는 협력업체가 늘어나고 있다.

| 단계별 품질관리 체크포인트

단계		점검 항목
출하검사	출하검사 시행 여부	• 검사성적서 작성 여부 • 출하검사 일지 • 출하검사 부적합 발생 조치 여부
공정검사	공정검사 실시 여부	• 자주검사 시행 여부 • 초·중·종물 관리 실시 여부
수입검사	수입검사 시행 여부	• 수입검사 요원 확보 여부 • 수입검사 성적서 관리 여부 • 수입검사 부적합 발생 조치 여부
부적합 개선시행 조치 여부	부적합 발생 대책활동 시행 여부	• 클레임 발생 F/BACK 여부 • 개선대책 협의 진행 여부 • 품질개선활동 여부(회의체, 주관자)

3   수입(입고)검사의 시행 여부를 확인한다.

적합한 자재의 투입은 품질관리의 기본 요소다. 수입검사의 시행 여부를 확인한다. 수입검사를 제대로 시행하지 않고 원료나 부품을 생산에 투입한다면 공정에서 품질 문제를 일으키게 되고, 이는 최종 제품의 품질 문제로 이어지게 된다.

또한 수입검사를 완료한 검사성적서를 체계적으로 보관하고 관리하고 있는지를 확인해야 한다. 수입검사 과정에서 부적합이 발생하였을 경우 공급자에게 피드백하고 개선대책을 추진하고 있는지를 확인한다.

4 발생된 품질 문제의 피드백과 개선활동 여부를 확인한다.

수입검사에서 불합격 판정을 받거나, 생산과정에서 불량이 발생하여 협력업체에 통보된 경우에, 그 내용이 협력업체 내부에서 어떻게 피드백되는지를 확인한다. 중요한 품질 문제는 최고경영자에게 보고가 이루어지며, 공정품질이 원인인 경우는 현장의 작업자까지 피드백이 되는지를 확인한다.

재발 방지 대책을 위한 개선활동을 하고 있는지를 확인한다. 품질개선활동이 주기적으로 이루어지고 있으며, 경영진이 참여하고 있는지도 확인해야 한다. 무엇보다도 신속하고 근본적인 품질개선을 하기 위해서는 현장의 책임자가 참석하여 개선활동에 필요한 사항을 요구하고 이를 반영해야 한다.

품질수준 향상의 요구가 지속되는 한 협력업체의 품질 문제는 계속해서 발생한다. 품질 문제가 발생하면 신속하게 처리할 수 있는 능력이 요구되며 동일한 문제가 재발하지 않도록 대책을 수립하는 일이 중요하다.

협력업체가 품질 문제의 예방을 위한 자주검사와 Fool Proof 장치 구축으로 공정품질을 확보하고, 전사적인 품질관리 시스템을 구축하도록 지도 및 육성을 해야 한다.

구매전략 수립의
필요성

전략적 구매란 기존의 조달 중심의 업무에서 벗어나, 구매가 주체가 되어서 비용과 비용 외 측면에서 경쟁적 우위를 창출하는 일련의 구매 기능을 의미한다.

전략의 개념과
구매전략의 중요성

구매전략은 꼭 필요한가?

지금까지 구매관리 부서들의 고민은 단순했다. "어떻게 하면 보다 싼 값에 안정적으로 원자재를 공급할 수 있을까?" 하는 정도였다. 일반적으로 구매관리 부서의 역할은 원재료를 저렴하게 구입하는 것에 한정되었다. 따라서 이들은 전사적 전략에 대한 관심이 낮고 다른 부서와의 교류나 협력의 필요성을 느끼지 못하는 경우가 많았다.

그러나 경영환경이 바뀌면서 구매관리 부서는 기업의 이익을 창출하는 핵심부서로 탈바꿈하고 있다. 애플Apple이나 삼성 같은 일류기업들은 다른 회사에서 별로 주목받지 못하는 구매관리 부서에서 기업혁신의 기반을 찾고 있다. 성과가 높은 기업일수록 구매관리 부서는 이전보다 훨씬 더 비중이 있는 역할을 맡고 있다.

1   전략의 개요

전략이란 용어는 병법 또는 군사학에 그 뿌리를 두고 있다. 전략을 뜻하는 단어 'Strategy'는 그리스어 'Strategos'에서 나왔다. 스트라테고스의 원래 의미는 '장군의 기술'이다. 장군은 몇 번의 작은 싸움에 집중하기보다는 전체 상황을 고려해 전략을 짜야 한다. 그래야 큰 전투에서 승리할 수 있다. 작은 일에 몰두하면 많은 시간과 자원을 낭비하고, 뜻하지 않은 문제로 어려움을 겪을 수도 있다. 좋은 전략은 종합과 조화를 통해서 성공할 수 있기 때문이다.

경영학자 챈들러Chandler는 '전략이란 기업의 장기적인 목표의 결정과 그 목표를 달성하기 위한 행동을 결정하고 경영자원을 배분하는 것이다'라고 했다. 케네스 앤드루스Kenneth Andrews는 '전략이란 기업의 목표와 그 목표를 달성하기 위한 여러 가지 계획이나 정책을 말한다. 또한 전략은 그 회사가 어떤 사업 분야에 참여하고 있어야만 하고 그 회사가 어떠한 성격의 회사이어야 하는가를 결정하는 중요한 이론이다'라고 했다.

2   구매전략의 인식과 위상 변화

구매관리 부서의 전통적인 역할은 가장 저렴한 가격으로 물품을 구매함으로써 비용을 절감하는 것과 생산 등 관련 부서의 요구에 신속히 대응하는 납기준수라는 두 가지로 요약할 수 있다. 따라서 전통적인 구매의 역할은 능동적이기보다는 관련 부서에서 요구하는 물품을 단순 조달하는 수동적인 업무로 간주되어왔다. 하지만, 이러한 구매관리 부서의 전통적인 역할은 급변하는 환경 변화와 맞물려 기업의 전사적인 운영 방침과 연계된 전략적 구매 기능을 수행하는 방향으로 변화하고 있다.

예전처럼 판매 확대만으로 회사의 수익을 늘리는 것은 한계에 도달했고, 기업의 사업 규모가 커지면서 다루는 자재의 품목 수와 구매해야 하는 수량도 많아짐에 따라 구매원가 관리가 중요해졌다. 따라서 기업들은 결국 "어떻게 하면 구매원가를 절감해 수익을 향상시킬 수 있을까?"를 고민하게 되면서 원가절감을 통해 수익을 창출하는 핵심 전략으로 구매관리를 다루게 되었다.

전략적 구매란 무엇인가? 전략적 구매란 기존의 조달 중심의 업무에서 벗어나, 구매가 주체가 되어서 비용과 비용 외 측면에서 경쟁적 우위를 창출하는 일련의 구매 기능을 의미한다. 전략적 구매가 중요해진 이유는, 원가절감에 있어서의 인식 변화와 밀접한 관련이 있다. 기업의 원가 구조를 살펴보면, 제조업 분야 등 기업 대부분에 있어서 구매비용이 전체 비용 중에서 큰 부분을 차지하고 있다. 이와 같은 상황에서 구매 부문의 혁신은 구매비용 절감을 통해서 기업의 수익 증가를 달성하기 위한 핵심요소로 인식되기 시작했다. 비용 측면과 함께, 개발·생산·영업 등 기업 내 타 부서와 기업 외부의 공급사들과의 관계 정립 및 공조의 중요성이 제기되면서, 구매관리 부서의 전략적 기능수행에 대한 필요성이 점점 더 강화되고 있는 상황이다.

　기업에서 구매전략은 사업전략의 성공을 위한 핵심 전략이 되었다. 생산, 제조 또는 재무 전략을 지원하는 전략에서 사업전략을 지원하는 핵심 전략으로 변화되었다.

| 구매전략의 인식과 위상 변화

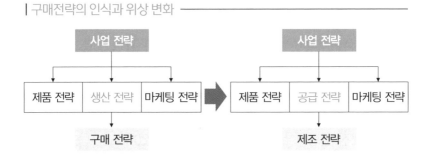

3　구매전략의 추진 방향

　첫째로 구매전략은 구매단가 및 총체적 비용의 절감 이외에 마케팅 강화라는 목표를 추구하여 기업의 가치 재고에 주도적 역할을 담당해야 한다. 이미 수립된 전사전략을 반영하고 충실히 이행할 뿐만 아니라, 더 나아가 전사전략 수립에 적극적으로 영향을 미치거나 주도하는 역할로 탈바꿈해야 한다.

　둘째로 구매자재에 대해 차별화된 최신 구매기법을 적용하여야 한다. 이를 위해서 핵심 자재에 대한 사양개선 표준화 및 수요관리 기법을 적극적으로 활용하고, 컨소시엄 구매와 같은 제3의 구매기관을 활용한다. 유연성 있는 전략구매 실행으로 서비스 자재 등 외부 총지출비용을 관리해야 한다.

셋째로 직·간접자재뿐만 아니라 서비스/용역 등 Nontraditional Item을 포괄하는 외부 총지출비용에 대한 통합관리를 실시해야 한다.

기업에서 구매전략이 정착되고 성공하기 위해서 몇 가지 실질적인 선결과제가 있다.

첫째, 무엇보다 최고경영자가 구매의 투명성을 확보하겠다는 강한 의지를 가져야 한다. 기업의 생존이라는 절박한 문제 앞에서 그늘에 묻혀 왔던 경쟁력의 주요 원천을 방치해서는 안 될 것이다.

둘째, 구매관리 부문에 대한 위상 강화가 필요하다. 선진기업과 같이 구매를 총괄하는 CPOChief Procurement Officer를 두거나 구매관리 부문에 우수한 인재들을 투입하는 등의 노력이 필요하다.

셋째, 설계 생산 영업 등 각 부문에 걸친 전사적인 인식의 전환이 요구된다. 구매는 주문한 품목이나 제때 구입해주면 그만이라는 인식으로는 곤란하다. 구매 부서가 경영이익 실현의 핵심적인 주체라는 인식으로 원가절감을 위한 활동에 적극적으로 협력해야 한다.

구매전략 수립을 위한 경영전략의 이해

구매전략은 경영전략에 Align하는 것이다.

　많은 기업에서 구매관리의 영역이 조달구매를 넘어서 전략구매로 확대되어가고 있다. 경영진으로부터 구매전략 수립에 대한 요구도 늘어나고 있다.

　구매전략을 수립하기 위해서는 먼저 경영전략의 이해가 필요하다. 경영전략의 차원에서 구매전략은 전사전략이나 사업부 전략을 이행하는 기능전략에 속하기 때문이다. 따라서 구매전략의 방향과 목표는 경영전략과 일치해야 한다.

1　경영전략의 정의 및 특징

1) 경영전략의 정의

　"경영전략이란 한마디로 어떻게 하면 경쟁자보다 경쟁우위를 가질 것인가 하는 문제다. 경영전략은 효율적인 방법으로 경쟁자보다 그 기업의 경쟁우위를 상승시키는 노력이라고 할 수 있다."(오마에 겐이치)

다시 말해서 경영전략이란 기업의 경영목표 달성을 위한 자원의 합리적인 배분과 통합된 활동계획이며 그 활동들은 경쟁우위를 창출할 수 있는 것이다.

2) 경영전략의 특징

경영전략은 대개 기업 전체를 관심의 대상으로 하고, 주로 최고경영자의 입장에서 수립하며 파급효과가 크다. 또한 다른 모든 결정들을 통제하는 한계를 정해준다. 전략적인 결정을 먼저 하고 난 후에 구체적 실행을 위한 하위 전략을 결정한다. 전략적 의사결정은 상당한 자원의 재분배를 가져오며, 여러 부서를 망라하여 동시에 관여하는 것이 보통이다.

전략수립의 가장 중요한 요소는 trade-off를 이해하는 것이다. 고려해야 할 trade-off 요소는 다음과 같다.

① 비용우위 vs. 차별화 우위
② 해외시장의 확충 vs. 내수에 주력
③ 어느 고객층에 집중적인 투자를 할 것인가?
④ 고성장규모 vs. 내실성장이익

⑤ 어떤 신규 사업에 진출하고 어느 사업에서 탈퇴할 것인가?

2 경영전략의 유형

경영전략의 유형은 전략의 수준에 따라 기업전략, 사업부 전략, 기능별 전략으로 나누어 볼 수 있다.

1) 기업전략

기업전략Corporate Strategy은 어느 사업에 진입하고 탈퇴할 것인가의 사업영역을 정의하는 의사결정이다. 기업의 목표를 달성하기 위한 장기 경영계획으로 자원의 획득과 배분에 초점을 두어 어떤 사업 분야에 진출하고 철수할 것인가 하는 의사결정으로 통합되고 체계화되어야 한다.

사업영역을 지속해서 점검하여 사양산업으로부터 철수하고 수익성이 좋으리라고 예상되는 신규산업으로 진출하는 과정을 통해 성장성을 유지해 나가는 것이 필요하다. 이때 기업이 경쟁하는 사업의 영역을 정의하는 의사결정이 기업전략에 해당한다. 이를 위하여 다각화, 수직적 통합, 수평적 통합, 전략적 제휴, 사업 포트폴리오 분석 등을 시행한다.

2) 사업부 전략

사업부 전략Business Unit Strategy은 어떻게 경쟁우위를 창출하고 유지할 것인가를 결정하는 것이다. 사업부 전략은 기업전략 범위 내에서 결정된 산업 또는 주어진 시장에서 어떻게 경쟁할 것인가를 결정하는 것이다. 환경분석을 통해 산업구조를 포함한 외부환경과 기업의 자원과 핵심역량을 이용하여 어떻게 경쟁우위를 달성하는가에 달려 있다. 경쟁우위는 소비자의 욕구 및 산업의 구조, 그리고 경쟁의 특성을 반영한 산업의 성공 요인에 부합하는 핵심역량에 기반을 두어 이루어진다.

첫 번째는 상품의 생산과 판매를 낮은 비용으로 수행하는 것이다. 기업이 낮은 원가를 달성하게 되면 기업의 이익률이 증가하거나 가격을 낮추어 판매량을 증가시킴으로써 이윤을 증가시킬 수 있다. 이를 추구하는 것을 원가우위 전략이라고 한다.

두 번째는 경쟁기업과 다른 차별화된 가치를 고객들에게 제공하는 경우이다. 고객들에게 제공되는 가치를 증가시키면 높은 가격에 판매가 가능해진다. 이것을 차별화 전략이라고 한다.

마지막으로 집중화 전략은 특정 세분화된 시장에만 집중하는 전략이다. 산업 내에서 좁은 범위의 세분시장을 선택하여 해당 세분시장의 고객들에게 최적화된 상품으로 경쟁함으로써 전체 시장은 아니더라도 해당 세분시장에서는 경쟁우위를 확보하고자 하는 것이다.

3) 기능별 전략

기능별 전략Functional Strategy은 기업 혹은 사업부 단위에게 경쟁우위를 제공하기 위하여 차별역량을 개발하고 육성해서 생산성 증대 또는 비용 절감에 기여하는 것이다. 기업의 경영활동과 관련된 관리기능별 세부 추진 계획으로 변화가 예측되는 외부 및 내부의 환경요인에 대응하는 전략으로서 측정 가능한 실제 계량화된 계획목표를 포함한다.

| 경영전략의 유형

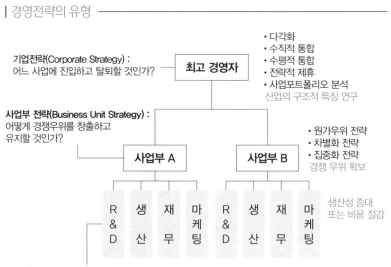

출처 : 《구매전략 수립 및 추진》, 한국생산성본부 교재

3 구매전략과 경영전략의 관계

구매전략은 경영전략의 차원에서 기능별 전략에 해당된다. 따라서 사업부 전략에 경쟁우위를 제공하기 위하여 차별역량을 개발하고 육성해서 비용 절감에 기여하는 것이다. 결정된 사업을 수행하는 사업부 전략에서 주어진 목표인 원가절감을 달성하는 것이 주요 전략이다. 구매전략에서 설정하는 비전도 사업부 전략과 부합해야 하며, 일관된 의사결정과 기업의 경쟁우위를 가져와야 한다. 따라서 구매전략의 방향은 경영전략과 Align해야 한다. 그렇지 못한 구매전략이나 원가절감은 기업 성과에 도움이 되지 못한다.

구매전략을 수립하기 위해서 고려해야 할 요소는 다음과 같다.

① 기업전략과 구매전략의 일치 Alignment
② 기업의 경쟁우위를 달성하기 위한 전략적 원가절감
③ 집중구매 Centralized 또는 분산구매 Decentralized의 조직 운영
④ Make or Buy
⑤ 글로벌 소싱 Off-Shoring or Re-Shoring

구매전략의 수립 절차

구매전략을 수립하려면 어떤 절차를 거쳐야 하나?

구매전략을 수립하려면 기업전략과 사업부 전략에서 부여한 구매관리 부문의 목표를 확인해야 한다. 경영전략 차원에서는 구매전략은 기능별 전략Functional Strategy에 속함으로써 상위 전략의 방침을 이해하는 것이 중요하다. 하달된 목표를 달성하기 위해 가치는 극대화하고 리스크는 최소화할 수 있도록 공급 목표를 설정한다. 그리고 이를 달성하기 위하여 내부현황 분석과 외부현황 분석을 통해 공급 목표 달성에 영향을 주는 기회와 위협 요소를 확인한다. 목표 달성을 위한 최적의 구매전략을 수립하여 시행하고, 시행한 결과를 평가하고 이를 반영하여 지속적인 개선을 추진한다.

1 전사전략 및 사업부 전략을 통해 조직의 목표를 확인한다.

구매전략은 기본적으로 기업전략과 사업부 전략에 Align해야 한다. 먼저 기업전략에서 추진하는 방향이 성장전략, 안정전략, 축소전략 가운데 어느 것인지를 먼저 확인한다. 또한 경쟁우위 확보를 위한 사업부의 전략은 어떻게 설정되는지를 확인한다. 차별화 전략, 원가우위 전략, 집중화 전략 가운데 어느 전략을 지향하는지를 확인하여 이에 맞는 구매전략을 수립해야 한다.

2 가치는 극대화하고 리스크는 최소화하는 공급 목표를 설정한다.

기업전략에서 부여되는 구매전략의 목표는 경영이익 확대를 위한 원가절감이다. 제조원가에서 재료비가 차지하는 비중이 크기 때문에 사업부 전략에서도 원가절감은 매우 중요한 요소다. 지나친 원가절감은 협력업체의 경영에 부담이 되어 오히려 역효과를 가져올 수 있다. 따라서 더 큰 기업 이익을 올리는 데 공헌할 수 있으며, 협력업체와 상생할 수 있는 합리적인 목표를 세워야 한다. 이를 위해서는 Category and Spend Analysis를 통해서 우리 회사가 구매하고 있는 품목들 중에서 전략으로 접근해야 하는 것이 무엇인지를 분석한 데이터를 기반으로 결정해야 한다.

3 공급 목표 달성에 영향을 주는 기회를 확인한다.

설정한 공급 목표 달성에 영향을 주는 기회를 확인하기 위하여 내부현황 분석과 외부현황 분석을 실시한다. 내부현황 분석은 현재 구매하고 있는 품목에 대한 현황 분석과 이슈 분석을 의미한다.

① 어떤 자재를 주로 구매하는가?
② 어떤 가격으로 얼마나 자주 구매하는가?
③ 어떤 공급사로부터 구매하는가?

등에 관한 것을 데이터 중심으로 파악하고 분석한다.

외부현황 분석은 공급시장 분석으로 선정된 품목에 대한 산업 특성이나 시장의 특성 그리고 공급사들의 상황에 관한 것을 분석하는 것이다. 구매하고 있는 품목의 산업구조와 관련된 규제 또는 법규, 기술현황을 분석한다. 선정한 품목에 대한 교섭력을 공급자가 가지고 있는지 구매자가 가지고 있는지를 파악한다. 또한 경쟁사에서는 어떤 회사에서 얼마 정도의 가격으로 구매하고 있는지를 조사한다.

4 최적의 구매전략을 수립하고 실행한다.

선정한 구매품목이 사업에 미치는 영향도와 공급시장의 복잡성에 따라 분류한 전략품목, 경쟁품목, 안전품목, 일반품목 가운데 어디에 속하는지를 파악한다. 이 분류에 따라서 가격중심의 전략으로 대응할 것인지, 관계중심의 전략으로 대응할 것인가의 방향을 설정한다.

가격중심의 구매전략은 구매자의 Buying Power를 기반으로 ① 통합구매를 통한 물량집중화로 가격을 인하하거나 ② 철저한 원가분석과 공격적 협상으로 최적가격 평가를 통한 가격인하를 추진하거나 ③ 공급업체 변경 또는 글로벌 소싱을 통한 가격인하를 추진한다.

관계중심의 구매전략은 공급시장의 복잡성이 높은 전략품목 또는 안전품목에 해당한다. 기본적으로 공급업체의 협상력이 높은 경우가 대부분이므로 물량통합 등으로 원가를 낮추기는 어렵다. 따라서 제품의 사양을 변경해서 해당 품목이나 원자재가 투입되는 비중을 줄여서 원가절감을 추진하거나, 공급업체와 전략적인 관계를 수립하여 협업을 하거나 생산성을 높이는 방식의 전략으로 원가절감을 추진한다.

5 평가를 통한 지속적인 개선을 추진한다.

구매전략을 수립하고 시행하는 일은 일회성 업무가 아니다. 매년 새로운 구매전략을 수립하고 시행해야 한다. 따라서 구매전략 수행이 완료되면 평가를 통해서 초기에 수립한 계획 대비 어느 정도 실행되었는지를 확인한다. 만약 실행이 계획대로 이루어지지 않았다면 그 이유를 확인하고, 차기 구매전략 수립에 반영하여 지속적인 개선을 추진해야 한다.

| 구매전략 수립의 절차 ─────────────────

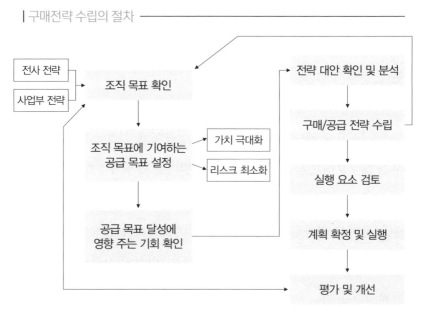

출처 : 《구매전략 수립 및 추진》, 한국생산성본부 교재

구매관리를 위한
5대 핵심 전략

어떤 구매전략을 적용하면 좋을까?

경영전략의 핵심은 이익실현이다. 따라서 구매전략에서 가장 중요한 것은 이익실현에 기여할 수 있도록 원가절감에 초점을 맞추는 것이다. 이를 위해서 여러 가지 방안을 가지고 전략을 수립하게 된다.

첫째로 현재 구입하고 있는 품목의 분류와 비용분석을 위한 **'Category and Spend Analysis'** 전략이 있다.

둘째로 Category and Spend Analysis를 통한 전체 구입품목의 70~80%를 차지하는 Strategic and Core 품목을 체계적이고 효율적으로 Sourcing 하기 위한 **'Sourcing Strategy'**가 있다.

셋째로 가격경쟁력 확보를 위해 체계적으로 원가절감을 추진하는 **'원가절감 전략'**이 있다. 제품원가의 70~80%가 결정되는 제품개발 단계 및 핵심 전략 자재가 결정되는 선행 개발 단계에 구매 부서가 조기 참여 EPI, Early Procurement Involvement 함으로써 원가절감을 추진하는 전략이다.

넷째로 구매관리 전략의 최종적 실행의 대상은 관련된 품목을 공급하는 협력업체다. 따라서 구매전략과 연계하여 향후 협력업체 관리 방향에 관한 '**협력업체 합리화 전략**'이 있다. 협력업체를 최적의 방법으로 관리하고 육성하는 전략구매로의 전환을 통하여 협력업체와 상생관계를 형성하고 유지해야 하는 것이 중요하다.

다섯째로 원가절감 목표를 달성하기 위해서 가격 대비 품질·납기의 중요성이 낮은 부품을 중심으로 재료비 절감을 위하여 Sourcing 영역을 국내에서 저비용 국가 Low Cost Country 로 확대하는 '**Global Sourcing Strategy**'가 있다.

1 Category and Spend Analysis 전략

구매전략 수립의 첫 번째 단계는 Category 분류 및 카테고리별 구입금액 분석 Spend Analysis 이다. 이를 통해서 카테고리와 지출을 효율적으로 관리하고 비용 절감을 지속적으로 추진한다.

카테고리 관리는 직접구매품목, 간접구매품목, 서비스구매로 분류할 수 있으며, 구매가치, 공급자, 구매유형 또는 구입수량에 따라 제품 또는 서비스를 분석하는 것과 관련될 수 있다. 이러한 분류를 위해서 Pareto 법칙 80/20 규칙 및 ABC 분석을 통해서 구입금액의 비중이 높은 카테고리를 확인한다.

구매비용분석Spend Analysis은 구매현황 및 이슈를 도출하고 구매혁신 전략 및 실행 계획을 수립할 수 있는 구매전략 수립의 중요한 데이터가 된다.

구매 카테고리 전략은 카테고리를 둘러싼 환경을 분석하고, 기업의 상황과 환경에 맞는 구매 카테고리마다 특화된 고유의 전략을 수립하는 것이다. 대상이 되는 구매 카테고리에 대해 외부환경과 사내의 상황을 정리한 다음, 향후 몇 년간의 구매방침을 규정하는 것이다.

카테고리 관리의 이점은 더 나은 결과, 개선된 품질, 더 큰 절감, 효율적인 자원 사용과 시장에 대한 이해 및 관련 부서와의 협업이 증가될 것이다. 카테고리 관리를 통해 구매관리자는 카테고리별 시장 분석을 협상에 최대한 활용하고 경영이익 목표를 달성에 맞춰서 협력업체를 관리할 수 있다. 더 나아가 카테고리별 구매팀을 구성하는 데 도움이 되며, 카테고리별 구입금액 분석과 협력업체 관리에 활용할 수 있다.

2 최적 구매를 위한 Sourcing 전략

전략적으로 소싱을 하기 위해서는 Supply Chain 상의 모든 Supplier를 관리하는 것은 비효율적이며, Strategic Supplier에 관리역량을 집중시키는 것이 필요하다. 이를 위해서 먼저 Spend Analysis을 통하여 전략적 소싱 대상을 선정해야 한다.

Sourcing Strategy는 유형·무형의 구매대상 품목에 대하여 가격 및 비가격 요소를 모두 포함한 총체적 비용이 최적인 공급사를 선정, 확보하는 일이다. 선정된 공급사로부터 가격뿐 아니라 품질 및 서비스 등에서 최고의 효과를 볼 수 있는 구매전략을 도출, 실행하는 체계직인 구매관리 프로세스다.

전략적 소싱 7단계는 다음과 같다.

① 사내현황 파악 : 카테고리 분류 및 지출내역 분석과 현 공급업체 관계를 파악한다.

② 시장 평가 : 시장의 역학 구조 및 추세분석을 하고 교섭력 및 기회와 위험을 평가한다.

③ 공급업체 정보 수집 : 공급업체를 실사하고 평가하는 기준을 개발한다.

④ 소싱전략 개발 : 최종 가능 시나리오를 개발하고, 다양한 공급자 접근방식을 결정한다.

⑤ 견적요청 및 평가 : 제안서RFP 평가기준을 개발하고, 공급업체로부터 받은 견적을 평가한다.

⑥ 협상 및 공급업체 선정 : 협상을 통하여 공급업체를 선정한다.

⑦ 실행 : 카테고리 실행 계획을 작성하고 측정 방법을 개발한다.

최적의 Sourcing 전략을 수립하기 위해서는 Sourcing Matrix를 작성해야 한다. Sourcing Matrix는 Peter Kraljic 이 1983년 Harvard Business Review의 기사에서 처음 이론화한 것으로 Kraljic Matrix 라고도 한다. Sourcing Matrix는 구매 포트폴리오를 분류하는 방법 으로, 주요 목적은 구매전략을 적용하기 위해 내부 및 외부적으로 다양한 품목 범주의 전략적 중요성을 식별하는 것이다. 이익 영향 도Business Impact와 공급시장 복잡성Supply Risk을 기반으로 4가지 주요 범주Strategic, Leverage, Bottleneck, Non Critical로 분류한다.

이익 영향도Business Impact는 구매의 볼륨, 총 구매비용의 비율, 제 품의 품질에 미치는 영향이나 회사의 성장이다. 공급시장 복잡성은 제품의 가용성, 공급업체의 수 또는 수요의 경쟁력에 관한 것이다.

| Sourcing Matrix

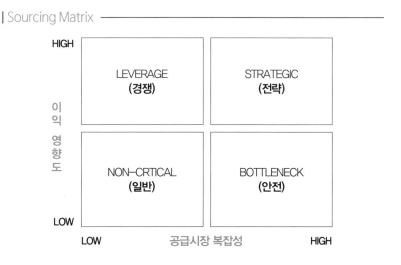

3 가격경쟁력 확보를 위한 원가절감 전략

그동안의 원가절감 전략은 양산된 제품을 구매자 교섭력을 활용하여 가격중심 전략을 위주로 추진해 왔다. 그러나 원가의 대부분은 설계 단계에서 이미 결정됨에 따라 제품 양산단계 이후에 전략구매 활동으로는 원가절감에 한계가 있을 수밖에 없다. 제품원가의 70~80% 이상이 제품개발의 초기 단계에 결정된다.

따라서 원류 단계상품기획에서 설계 단계부터 구매가 참여하여 최적 가격 및 공급조건을 고려한 자재 및 공급업체의 활용이 가능하도록 지원함으로써 원가절감의 효과를 극대화할 수 있도록 해야 한다. 특히 개발 단계에 구매 부서 참여로 제품의 R&D 초기 단계부터 코어Core 공급업체의 활용을 가능하도록 한다. 이를 통해 기술력이 우수한 업체의 육성이 가능해지며, 공급업체와의 전략적 관계 강화를 가능하게 하는 효과를 거둘 수 있다.

| 가격중심의 전략

통합구매	최적 가격 평가	글로벌 소싱
• 물량 집중 • 공급업체 통합 • 사업부 간 물량통합 • 다른 품목 간 물량통합 • 품목 표준화 및 공용화	• 총비용 비교 • 표준원가 산정 • 가격인하/재협상 • 총소유 비용 • 잠재 업체 간 총비용 비교 • 장기계약 체결 • 경쟁입찰 실시	• 지리적 공급선 확장 • 새 공급처 물색 • 수입선 다변화

출처 : 《구매전략 수립 및 추진》, 한국생산성본부 교재

전략적 소싱에 의한 원가절감 전략은 가격중심의 전략과 관계중심의 전략으로 구분된다. 가격중심 전략은 구매자 교섭력이 강할 때 주로 사용하며, 통합구매, 최적가격 평가, 글로벌 소싱 전략이 있다. 관계중심 전략은 관련 부서와 협력으로 제품사양과 공동 프로세스를 개선한다. 또한 구매자의 교섭력이 약할 때 주로 적용되므로 협력업체와의 전략적 제휴 등을 통해 관계구조를 재조정한다.

| 관계중심의 전략

제품사양 개선	공동 프로세스 개선	관계구조 재조정
• 사양의 표준화 • 가치분석 및 가치공학 • 대체재 분석 및 개발 • 제품의 수명 주기 원가 • 장기계약 체결	• 공동 프로세스 리엔지니어링 • 생산성 이득 공유 • 물류 통합 • 공급업체 운영 개선 지원 • 생산성 향상 실적 공유	• 핵심 협력업체 발굴/확보 • 협력업체의 핵심능력 분석 • 전략적 제휴 • 전략적 make/buy 의사 결정 • 통합 공급망 구성

출처 : 《구매전략 수립 및 추진》, 한국생산성본부 교재

관계중심 전략의 대표적인 방식으로는 처음부터 원가절감을 염두에 두고, 제품개발과 설계에 나서는 DTC설계원가 절감·Design To Cost 방법이 있다. DTC는 경쟁사 제품을 완전히 분해한 후, 이를 다시 설계에 재적용하면서 원가절감 여지를 찾아낸다. 연구소를 중심으로 개발구매와 협력업체가 합동으로 진행한다.

원가절감 전략에서 가격중심의 전략을 적용할 수 있는 경우는 점차 적어지고 있으며, 관계중심의 전략이 확대되고 있다.

4 경쟁우위를 위한 협력업체 합리화 전략

협력업체 관리전략은 구매전략을 추진하는 데 있어서 중요한 전략이다. 그런데도 협력업체의 운영에 대한 장기적인 전략을 체계적으로 수립하지 못하고 있다. 또한 협력업체 평가에 있어서도 객관성 및 지속성 미흡 등의 문제점이 발생하고 있다.

협력업체를 전략적으로 관리하기 위해서는 협력업체 관계유형 SRS, Strategic Relationship Segmentation 설정이 필요하다. 협력업체 관계유형은 적절한 자원의 분배를 목적으로 관리하고 모니터링하기 위해 협력업체들을 분류하는 것을 말한다.

협력업체 관계 세분화는 SI와 RA 분석을 통해서 S/C/T 관계유형을 설정해야 한다. SIStrategic Importance 분석은 Sourcing Group

| 협력업체 관계유형별 차별화 전략

구분	거래적 관계 (Transactional)	협업적 관계 (Collaborative)	제휴적 관계 (Strategic)
계약 유형	단기계약	중기계약	장기계약
가격관리	경쟁입찰을 통해 가격인하	물량통합 후 협상에서 Win-Win 추구	Total Cost 측면에서 원가 공유
품질관리	모든 품질관리는 공급사 책임	공급사의 품질향상을 도와줌	공동 노력, 상호 책임
선정 절차	단기적 가격 중심	공급사 사전 평가	동반자 관계 추구
의사소통	제한적 구매 시에만 소통	이해증진 등 주기적 의사소통	상호 상황 인지, 상시 의사소통

단위의 전략적 중요도를 분석하는 세분화 방안이다. RARelationship Attractiveness 매트릭스는 협력업체의 관계 매력도를 분석하는 세분화 방안이다. 수행한 SI와 RA 분석을 바탕으로 품목 및 서비스의 전략적 재배치를 수행하여, 전략적 관계Strategic, 협력적 관계Collaborative, 거래적 관계Transactional 관계유형으로 분류한다. 협력업체 관계유형에 따른 차별화 전략을 수립하고 적용해야 한다.

협력업체를 평가함에 있어서 동일한 평가항목과, 동일한 평가기준을 적용하는 것이 중요하다. 협력업체 평가 목적을 명확히 설정하고, 전사 차원에서 협력업체가 갖추어야 할 역량과 전략적 관리요소를 기반으로 협력업체 평가항목을 개발하도록 한다.

협력업체의 세부평가 항목은 내부의 이해관계자들과 협의를 통해서 구성한다.

5 해외구매 확대에 따른 Global Sourcing 전략

성장 한계에 직면한 기업들이 생존전략을 위해 글로벌 소싱 Global Sourcing에 눈을 돌리고 있다. 글로벌 소싱이란, 기업활동에 필요한 재화와 용역을 적절한 시점에 더욱 합리적인 가격으로 조달하기 위해 구매활동 범위를 전 세계로 확대하는 전략을 말한다. 최근에는 원자재, 부품, 완제품 등의 재화를 구매하는 것뿐 아니라 인적자원과 서비스, 나아가 구매, IT, 콜센터, 교육 등을 외부에서 조달하는 BPOBusiness Process Outsourcing에 이르기까지 경영활동에 필요한 모든 과정을 전 세계 최적지에서 구매하는 형태로 진화하고 있다.

글로벌 소싱은 기회요소와 위험요소가 동시에 내포되어 있다. 성공했을 경우는 비용 절감으로 큰 이익을 기대할 수 있다. 반면에 실패했을 경우는 공급지연과 품질 불안정을 초래하게 된다. 그래서 기업 조달, 생산, 판매 특성 및 대상 국가에 따라 글로벌 소싱에 수반되는 기회 및 위험요소를 성확히 분석하고 진단하여 전략을 수립해야 한다. 일반적으로 글로벌 소싱을 할 때 기회요소로 꼽히는 것은 비용 절감, 신제품 개발, 국가별 생산거점으로의 원활한 공급, 대체 공급사 발굴 등이다. 위험요소에는 품질 저하, 재고 · 물류비용 증가, 불안정한 공급원, 장기 리드타임, 환율변동 등이 있다.

글로벌 소싱이 실패하는 근본 원인은 글로벌 소싱에 대한 충분한 이해 부족, 단기간의 성과도출 요구, 회사 내 조직 간의 이해관계 상충 등으로 다양하다. 특히 글로벌 소싱은 국내 소싱보다 전략 수립과 준비 단계에 많은 시간과 노력이 필요함에도 기업들이 타사의 성공 사례만 좇아 조급하게 추진하다가 시행 초기부터 많은 문제점에 부닥치는 경우가 많다.

글로벌 소싱의 전략적 고려사항은 첫째로 해당 지역의 특성과 문화의 이해가 선행되어야 한다. 둘째로 글로벌 소싱 시 총원가 분석이 요구된다. 공장도착도가DDP를 기준으로 가격을 비교하고, 재고 유지 비용을 포함하여 분석해야 한다.

감사의 글

많은 분들께서 도움을 주셨기에 이 책을 집필할 수 있었습니다.

20여 년 동안 강의를 들어주신 모든 수강생분들께 감사를 드립니다.

강의를 할 수 있도록 오랜 기간 기회를 주신 한국생산성본부, 한국표준협회, 흑자경영연구소, 한국HRD센터, 상공회의소에 감사들 드립니다.

부족한 강사임에도 직접 초청해주었던 여러 기업들에 감사를 드립니다.

매번의 강의는 구매관리 이론에 대해서 끊임없이 연구하도록 채찍질해 주었고, 기업에서 강의를 하면서 '어떻게 하면 실무에 적용하여 업무를 개선할 수 있을까?'를 수강생들과 함께 고민하며 늘 새로워질 수 있었습니다.

언제나 사랑과 격려로 함께해 준 나의 가족들께 감사를 드립니다. 사랑하는 아내 은경과 하나님이 주신 가장 귀한 선물인 사랑하는 두 딸 혜지, 혜수에게 고마움을 전합니다.

책을 낼 수 있도록 강의 현장에서 격려해주시며 출판사까지 연결해주신 오시학 박사님, 처음부터 끝까지 꼼꼼히 챙겨준 중앙경제평론사의 김용주 사장님과 임직원분들께도 감사를 드립니다.

이렇게 책을 저술할 수 있도록 지금까지 인도해주신 하나님과 오늘의 나를 있게 해 주신 부모님께 이 책을 바칩니다.

참고자료

[교재]

《NCS구매원가관리》, 교육부

《개발구매 추진실무》, 목진환, 한국생산성본부 교재, 2021

《경영전략》, 장세진, 박영사, 2018

《구매계약과 공정거래하도급법의 이해》, 한국생산성본부 교재, 2021

《구매관리기본》, 목진환, 한국생산성본부 교재, 2021

《구매 관리 실무 I》, 구매관리연구회, kpbi

《구매 관리 테크닉 95》, 스가마 쇼지, 서혜영 옮김, 비즈니스맵, 2008

《현장중심의 원가관리》, 임병선, 한국생산성본부, 2010

《구매전략 수립 및 추진》, 목진환, 한국생산성본부 교재, 2021

《기업경쟁력 창출을 위한 구매관리》, 최정욱, 박영사, 2018

《법률실무가를 위한 계약서 작성실무》, 채정원, 이은미, 영화조세통 람, 2015

《부실예측을 통한 협력업체 리스크 관리》, 목진환, 한국생산성본부 교 재, 2021

《어떻게 원하는 것을 얻는가》, 스튜어트 다이아몬드, 김태훈 옮김, BO,

2011

《외주관리 테크닉95》, 사카타 신이치, 우성주 옮김, 비즈니스맵, 2010

《왜 나는 영업부터 배웠는가》, 도키 다이스케, 김윤수 옮김, 다산북스,
 2014

《입·출고관리실무》, 한국생산성본부 교재, 2019

《재고관리기법 활용실무》, 목진환, 한국생산성본부 교재, 2020

《재고관리 기본》, 김실호, 한국생산성본부 교재, 2020

《재고삭감추진실무》, 한국생산성본부 교재, 2019

《협력업체 관리실무》, 목진환, 한국생산성본부 교재, 2021

《購買管理》, 鬼沢正一, 日本能率協會매니지먼트센터, 2017

《外注管理》, 管間正二, かんき出版, 2002

《전략적 구매혁신 가이드》, 임성민, 박영사, 2020

《구매혁신의 기술》, 엑센츄어코리아, 매일경제신문사, 2008

《World Class Supply Management》, Burt 외, McGrawHill, 2004

[언론]

매경이코노미, 〈[비즈니스 혁신 업그레이드] ① 구매혁신 / 임종칠 액
 센츄어 경영컨설팅 SCM사업부 전무〉, 매경이코노미 제1580호

오라클 클라우드, 〈AI가 바꾸는 미래, 구매 담당자 역할도 이렇게 바
 뀝니다〉

〈계약서 작성요령〉, 권성연, 법률신문

엠로, 〈공급업체 평가전략〉

매거진 한경, 〈구매전략 세운 후 최적의 공급사 골라라〉

한경비즈니스, 〈구매혁신을 통한 원가절감 방안〉

LG주간경제, 〈전략적 구매를 위한 구매조직 설계〉, 김경태, LG주간
경제

Deloitte, 〈효과적인 협력업체 리스크 관리(Crisis Management
Newsletter, September)〉, 2019

[웹사이트]

procurement-management.htm

SAP Study m.blog.naver.com/softwon1

www.universalclass.com/articles/business/understanding-social-
responsibility-in-

강소기업인 https://m.blog.naver.com/sigmagil/222373516558

공정거래위원회 홈페이지(www.ftc.go.kr)

데이터넷, Techtarget, 세아소프트

발주서에 대해서 알아보자(https://www.yesform.com/cnts_mgzn)

열두발바닥 https://12foot.tistory.com/4

조우성 변호사의 협상 Must Know

현대글로비스 홈페이지

중앙경제평론사 Joongang Economy Publishing Co.
중앙생활사 | 중앙에듀북스 Joongang Life Publishing Co./Joongang Edubooks Publishing Co.

중앙경제평론사는 오늘보다 나은 내일을 창조한다는 신념 아래 설립된 경제 · 경영서 전문 출판사로서
성공을 꿈꾸는 직장인, 경영인에게 전문지식과 자기계발의 지혜를 주는 책을 발간하고 있습니다.

알기 쉬운 **구매실무 첫걸음**

초판 1쇄 발행 | 2023년 11월 20일
초판 2쇄 발행 | 2024년 9월 10일

지은이 | 목진환(JinHwan Mok)
펴낸이 | 최점옥(JeomOg Choi)
펴낸곳 | 중앙경제평론사(Joongang Economy Publishing Co.)

대   표 | 김용주
책임편집 | 백재운
본문디자인 | 박근영

출력 | 영신사 종이 | 한솔PNS 인쇄 · 제본 | 영신사

잘못된 책은 구입한 서점에서 교환해드립니다.
가격은 표지 뒷면에 있습니다.

ISBN 978-89-6054-324-9(03320)

등록 | 1991년 4월 10일 제2-1153호
주소 | ⊕ 04590 서울시 중구 다산로20길 5(신당4동 340-128) 중앙빌딩
전화 | (02)2253-4463(代) 팩스 | (02)2253-7988
홈페이지 | www.japub.co.kr 블로그 | http://blog.naver.com/japub
네이버 스마트스토어 | https://smartstore.naver.com/jaub 이메일 | japub@naver.com
♣ 중앙경제평론사는 중앙생활사 · 중앙에듀북스와 자매회사입니다.

도서
주문   www.**japub**.co.kr
전화주문 : 02) 2253 - 4463

https://smartstore.naver.com/jaub
네이버 스마트스토어

중앙경제평론사/중앙생활사/중앙에듀북스에서는 여러분의 소중한 원고를 기다리고 있습니다. 원고 투고는 이메일을
이용해주세요. 최선을 다해 독자들에게 사랑받는 양서로 만들어드리겠습니다. **이메일** | japub@naver.com